"不忘初心、牢记使命"主题教育学习用书

开启新时代 踏上新征程

——本书编写组◎编——

KAIQI XINSHIDAI
TASHANG XINZHENGCHENG

新华出版社

图书在版编目（CIP）数据

开启新时代　踏上新征程 /《开启新时代　踏上新征程》编写组编
北京：新华出版社，2017.11（2025.2重印）
ISBN 978-7-5166-3624-4

Ⅰ.①开…　Ⅱ.①开…　Ⅲ.①中国特色社会主义-社会主义建设模式-研究
Ⅳ.①D616

中国版本图书馆CIP数据核字（2017）第276493号

开启新时代　踏上新征程

编　者：《开启新时代　踏上新征程》编写组

责任编辑：唐波勇	封面设计：臻美书装
责任印制：廖成华	

出版发行：新华出版社
地　　址：北京石景山区京原路8号　　邮　　编：100040
网　　址：http://www.xinhuapub.com
经　　销：新华书店、新华出版社天猫旗舰店、京东旗舰店及各大网店
购书热线：010-63077122　　中国新闻书店购书热线：010-63072012
照　　排：臻美书装
印　　刷：大厂回族自治县众邦印务有限公司
成品尺寸：160mm×230mm
印　　张：12.75　　　　　　　　字　　数：180千字
版　　次：2017年12月第一版　　印　　次：2025年2月第五次印刷
书　　号：ISBN 978-7-5166-3624-4
定　　价：26.00元

版权专有，侵权必究。如有质量问题，请与出版社联系调换：010-63077101

目 录 CONTENTS

习近平：把新时代中国特色社会主义推向前进……………………… 1

第一章　奋进在中国特色社会主义新时代………………… 5

一、面向新时代的政治宣言和行动纲领
　　——党的十九大报告诞生记……………………………… 7
二、奋进在中国特色社会主义新时代
　　——从党的十九大看我国发展新的历史方位…………… 22
三、高擎习近平新时代中国特色社会主义思想伟大旗帜
　　——中国共产党第十九次全国代表大会巡礼…………… 29
【延伸阅读】
　　十九大报告，习近平宣示"新时代"……………………… 44

第二章　铸就新时代中国特色社会主义新辉煌 …………………… 49

一、世界瞩目中国新时代
　　——倾听十九大新闻中心的"中国声音" ………………… 51

二、中国发展进入新时代
　　——9名外籍语言专家眼中的十九大报告 ……………… 55

三、铸就新时代中国特色社会主义新辉煌
　　——热烈祝贺中国共产党第十九次全国代表大会胜利闭幕 …… 60

【延伸阅读】
　　十九大报告，为什么用了这57个"心"？ ……………… 63

第三章　在党的十九大精神指引下开启新征程 …………………… 73

一、在党的十九大精神指引下开启新征程
　　——学习习近平总书记在中央政治局第一次
　　集体学习时重要讲话 ……………………………………… 75

二、开启新时代，踏上新征程
　　——十九大"党代表通道"传递的信息 ………………… 78

三、凝心聚力，共赴伟大复兴新征程
　　——八个民主党派中央主席眼中的中共十九大 ………… 82

【延伸阅读】
　　不忘初心、牢记使命、永远奋斗 ………………………… 87

第四章　实现中华民族伟大复兴的行动指南 ……………………… 91

一、实现中华民族伟大复兴的行动指南
　　——从党的十九大看习近平新时代中国特色社会主义思想 …… 93

二、不忘初心的历史担当
　　——以习近平同志为核心的党中央治国理政品格之二……… 102
三、从"三步走"到"两步走",我们这样走过……………………… 105
【延伸阅读】
　　习近平连任总书记后首次讲话传递哪些信息?………………… 109

第五章　领航新时代的坚强领导集体……………………… 113

一、领航新时代的坚强领导集体
　　——党的新一届中央领导机构产生纪实…………………… 115
二、建设马克思主义执政党的光辉指引
　　——《中国共产党章程(修正案)》诞生记………………… 126
三、缔造发展奇迹　领航中国奋进
　　——国际社会高度评价中国共产党领导中国取得的巨大成就…… 140
【延伸阅读】
　　在伟大复兴新征程上奋勇前进……………………………… 144

附　录

决胜全面建成小康社会　夺取新时代中国特色社会主义伟大胜利
　　——在中国共产党第十九次全国代表大会上的报告………… 153

习近平：把新时代中国特色社会主义推向前进

习近平同志19日上午在参加党的十九大贵州省代表团讨论时强调，党的十九大报告进一步指明了党和国家事业的前进方向，是我们党团结带领全国各族人民在新时代坚持和发展中国特色社会主义的政治宣言和行动纲领。要深刻学习领会中国特色社会主义进入新时代的新论断，深刻学习领会我国社会主要矛盾发生变化的新特点，深刻学习领会分两步走全面建设社会主义现代化国家的新目标，深刻学习领会党的建设的新要求，激励全党全国各族人民万众一心，开拓进取，把新时代中国特色社会主义推向前进。

贵州省代表团讨论气氛热烈。孙志刚、谌贻琴、余留芬、潘克刚、周建琨、钟晶、杨波、张蜀新、黄俊琼等9位代表分别结合实际，对报告发表了意见，畅谈了认识体会。大家认为，党的十九大报告是一个实事求是、与时俱进、凝心聚力、催人奋进的报告，是一个动员和激励全党为决胜全面建成小康社会，夺取新时代中国特色社会主义伟大胜利，实现中华民族伟大复兴的中国梦不懈奋斗的报告，一致表示拥护这个报告。

习近平边听边记，同代表们深入讨论。六盘水市盘州市淤泥乡岩博村党委书记余留芬发言时说，广大农民对党的十九大报告提出土地承包到期后再延长30年的政策十分满意，习近平听了十分高兴，说这是要给广大农民吃个"定心丸"。遵义市播州区枫香镇花茂村党总支书记潘克刚讲到乡村农家乐旅游成为乡亲致富新路，习近平说既要鼓励发展乡村农家乐，也要对乡村旅游作分析和预测，提前制定措施，确保乡村旅游可持续发展。毕节市委书记周建琨讲到把支部建在生产小组上、发展脱贫攻坚讲习所，习近平强调，新时代的农民讲习所是一个创新，党的根基在基层，一定要抓好基层党建，在农村始终坚持党的领导。黔西南州贞丰县龙场镇龙河村卫生室医生钟晶讲到农村医疗保障问题，习近平详细询问现在农民一年交多少医疗保险费、贫困乡村老百姓生产生活条件有没有改善。贵州六盘水市钟山区大湾镇海嘎村党支部第一书记杨波谈了自己连续8年坚持当驻村第一书记、带领乡亲脱贫致富的体会，习近平表示，对在脱贫攻坚一线的基层干部要关心爱护，各方面素质好、条件具备的要提拔使用，同时要鼓励年轻干部到脱贫攻坚一线去历练。习近平还对黔东南州镇远县江古镇中心小学教师黄俊琼说，老少边穷地区的教育培训工作要加大力度，让更多乡村和基层教师受到专业培训。

在认真听取代表发言后，习近平表示，很高兴作为贵州省代表团的代表参加讨论。习近平向在座各位代表和贵州全省各族干部群众致以诚挚的问候。

习近平指出，5年来，贵州认真贯彻落实党中央决策部署，各方面工作不断有新进展。综合实力显著提升，脱贫攻坚成效显著，生态环境持续改善，改革开放取得重大进展，人民群众获得感不断增强，政治生态持续向好。贵州取得的成绩，是党的十八大以来党和国家事业大踏步前进的一个缩影。这从一个角度说明了党的十八大以来党中央确定的大政方针和工作部署是完全正确的。

习近平希望贵州的同志全面贯彻落实党的十九大精神，大力培育和弘扬团结奋进、拼搏创新、苦干实干、后发赶超的精神，守好发展和生态两条底线，创新发展思路，发挥后发优势，决战脱贫攻坚，决胜同步小康，续写新时代贵州发展新篇章，开创百姓富、生态美的多彩贵州新未来。

习近平指出，中国特色社会主义进入了新时代，这是我国发展新的历史方位。作出这个重大政治判断，是一项关系全局的战略考量，我们必须按照新时代的要求，完善发展战略和各项政策，推进和落实各项工作。我国社会主要矛盾的变化是关系全局的历史性变化，对党和国家工作提出了许多新要求，我们要深入贯彻新发展理念，着力解决好发展不平衡不充分问题，更好满足人民多方面日益增长的需要，更好推动人的全面发展、全体人民共同富裕。我们要紧密结合党的十九大对我国未来发展作出的战略安排，推进党和国家各项工作，特别是要保持各项战略、工作、政策、措施的连续性和前瞻性，一步接一步，连续不断朝着我们确定的目标前进。

习近平强调，办好中国的事情，关键在党。全面从严治党不仅是党长期执政的根本要求，也是实现中华民族伟大复兴的根本保证。我们党要团结带领人民进行伟大斗争、推进伟大事业、实现伟大梦想，必须毫不动摇把党建设得更加坚强有力。全面从严治党永远在路上。在全面从严治党这个问题上，我们不能有差不多了，该松口气、歇歇脚的想法，不能有打好一仗就一劳永逸的想法，不能有初见成效就见好就收的想法。必须持之以恒、善作善成，把管党治党的螺丝拧得更紧，把全面从严治党的思路举措搞得更加科学、更加严密、更加有效，推动全面从严治党向纵深发展。各级党组织和全体党员、各级领导干部必须坚决维护党中央权威，坚决服从党中央集中统一领导，把"四个意识"落实在岗位上、落实在行动上，不折不扣执行党中央决策部署，始终在思想上政治上行动上同党中央保持高度一致。

习近平指出，大会之后，要认真组织好党的十九大精神宣传教育工作和学习培训工作，注重宣传各地区各部门学习贯彻的具体举措和实际行动，注重反映基层干部群众学习贯彻的典型事迹和良好风貌。要充分利用各种宣传形式和手段，采取人民群众喜闻乐见的形式，推动党的十九大精神进企业、进农村、进机关、进校园、进社区、进军营，让干部鼓足干劲。要组织好集中宣讲活动，把党的十九大精神讲清楚、讲明白，让老百姓听得懂、能领会、可落实。

新华社北京10月19日电

第一章
奋进在中国特色社会主义新时代

一、面向新时代的政治宣言和行动纲领
——党的十九大报告诞生记

2017年10月18日上午，北京人民大会堂。中国共产党第十九次全国代表大会在这里隆重举行。

习近平同志健步走向报告席，代表第十八届中央委员会，向大会作了题为《决胜全面建成小康社会 夺取新时代中国特色社会主义伟大胜利》的报告。

3万余字，近3个半小时，2300多名代表和特邀代表响起70多次掌声。这掌声凝聚着党心和民心，这掌声升腾起信心和力量。

这是中国共产党人面向未来的庄严宣誓——

不忘初心，牢记使命，高举中国特色社会主义伟大旗帜，决胜全面建成小康社会，夺取新时代中国特色社会主义伟大胜利，为实现中华民族伟大复兴的中国梦不懈奋斗。

这是全党全国人民为实现中华民族伟大复兴而奋斗的行动指南——

把习近平新时代中国特色社会主义思想同马克思列宁主义、毛泽东思想、邓小平理论、"三个代表"重要思想、科学发展观一道确立为我们党的行动指南，开辟了当代中国马克思主义新境界。

这是社会主义现代化征程中的崭新起点——

我们既要全面建成小康社会、实现第一个百年奋斗目标，又要乘势而上开启全面建设社会主义现代化国家新征程，向第二个百年奋斗目标进军。

科学把握国际国内大势，深入研究事关全局的重大问题——党的十九大报告起草工作始终在中央政治局常委会直接领导下进行，习近平总书记亲自担任文件起草组组长

2016年10月，党的十八届六中全会决定：2017年下半年召开党的十九大。

在全面建成小康社会决胜阶段、中华民族走向伟大复兴的关键时期，这一继往开来、承前启后的盛会将作出怎样的战略部署？如何推进实现中华民族伟大复兴中国梦的历史进程？举国关注，举世瞩目。

作为党的十九大筹备工作的重要组成部分，起草出一个凝聚全党智慧、顺应人民群众期待、对我国发展具有指导作用、在国际社会产生广泛影响的报告，是大会胜利举行的重要环节。

2017年1月13日上午，中南海怀仁堂。

习近平总书记主持召开党的十九大文件起草组第一次全体会议，宣布党中央关于成立党的十九大文件起草组的决定。文件起草组由习近平总书记担任组长，刘云山、王岐山、张高丽同志任副组长。

会上，习近平总书记要求充分认识做好党的十九大报告起草工作的重大意义，坚持正确思想方法，科学分析和把握国际国内形势，深入研究关系党和国家事业发展的重大问题。

按照习近平总书记的部署和要求，起草组围绕一系列重大理论和实践问题开展实地调研、组织专题调研。

在这次会议上，习近平总书记还明确指出，党的十九大报告起草要遵循"五个坚持"的指导原则：

——坚持正确政治方向。"党的十九大报告是政治报告，阐明对关系党和国家事业发展一系列重大问题的政治立场、政治态度、政治原则，坚持从政治上研究和把握问题是第一位要求。"

——坚持解放思想、与时俱进。提倡民主讨论、相互切磋、畅所欲言、集思广益，勇于探索和研究重点、难点、热点问题，激励大家开动脑筋、贡献智慧。

——坚持战略思维和系统思维。"我们提出的思想理论和方针政策有没有前瞻性和预见性，我们作出的决策部署有没有指导性和可持续性，要看我们能不能从战略上全局上对我国发展和世界发展作出科学预判。"

——坚持问题导向、强化问题意识。"要把问题作为研究制定方针政策的起点，从问题最集中的地方和最突出的问题入手，把准政策基点，合理设定预期，把政策建立在解决最突出的矛盾和问题、满足人民群众最迫切的愿望和要求之上。"

——坚持从实际出发。"要坚持实事求是的科学态度，坚持立足现实和着眼长远相统一，提目标、定任务、出政策要从实际出发，决不能脱离实际、超越阶段。"

5月9日，报告框架方案呈报文件起草组第三次全体会议。习近平总书记在听取汇报和讨论后指出，党的十九大报告是我们党站在"两个一百年"奋斗目标的历史交汇点上，对党、对国家、对中华民族发展所作的宏观设计和政治宣言。新形势下，统筹推进"五位一体"总体布局，协调推进"四个全面"战略布局，有许多重大理论和实践问题需要回答。

如何对过去5年的工作进行全面客观的总结？

如何对党的十八大以来党的理论创新和实践创新成果进行概括和提炼？

如何阐述新形势下中国共产党的历史使命以及完成历史使命必须坚持的重大原则和必须解决的重大问题？

……

习近平总书记指出，这些重大理论和实践问题是报告起草必须攻克的重点，也是推进理论创新和实践创新的关节点。只有把重大问题搞清楚，才能明确报告大方向主脉络，理清思路，打通关节。

理论创新和实践创新永无止境。我们党作为世界上最大的发展中国家和最大的社会主义国家执政党，需要解决的困难和问题、需要应对的风险和挑战，远比世界上其他国家要多、要严峻。只有始终保持改革创新勇气，勇于突破思维定势，才能不断打开事业发展新局面。

6月28日，习近平总书记主持召开文件起草组第四次全体会议，强调要继续在提出新思想新观点新举措上下功夫，从历史和现实、理论和实践、国内和国际等的结合上进行思考，得出科学准确的结论。

7月13日至24日，习近平总书记先后主持召开两次中央政治局常委会会议和一次中央政治局会议，审议党的十九大报告稿。

——7月13日，中央政治局常委会会议第一次审议报告稿，中央政治局常委同志在听取汇报后，一致赞成报告稿的框架思路、内容结构、重大观点、主要提法，提出了重要意见。

——7月20日，中央政治局常委会会议第二次审议报告稿，中央政治局常委同志提出了重要修改意见。

——7月24日，中央政治局会议第一次审议报告稿，中央政治局委员一致赞成报告稿的框架思路、内容结构，赞成报告稿提出的主题主线、指导思想、基本方略、重大论断、决策部署。

7月26日，党的十九大召开前夕，习近平总书记在省部级主要领导干部专题研讨班开班式上发表重要讲话，指出中国特色社会主义是改革开放以来党的全部理论和实践的主题，全党必须高举中国特色社会主义伟大旗帜，牢固树立中国特色社会主义道路自信、理论自信、制度自信、文化自信，确保党和国家事业始终沿着正确方向胜利前进。

新加坡《联合早报》刊文指出，这次重要讲话已经勾勒出中国共产党第十九次全国代表大会的政治和理论框架。

"我们要牢牢把握我国发展的阶段性特征，牢牢把握人民群众对美好生活的向往，提出新的思路、新的战略、新的举措，继续统筹推进'五位一体'总体布局、协调推进'四个全面'战略布局，决胜全面建成小康社会，夺取中国特色社会主义伟大胜利，为实现中华民族伟大复兴的中国梦不懈奋斗。"

因时而变，随事而制。习近平总书记的"7·26"重要讲话蕴含着我们党对世情国情党情的深入观察和科学预判，为规划未来5年乃至更长时期我国发展蓝图明确了基调。

"党的十九大报告的孕育诞生，并不是始于起草组成立之日，其中的重大理论、重大论断、重大决策，都离不开习近平总书记长期以来的理论思考和实践探索。"文件起草组成员说。

过去5年，习近平总书记到基层考察调研50次、累计151天，走最崎岖的山路，去最贫困的地方，倾听民情民意，深入调查研究，用遍布神州大地的足迹践行人民至上的承诺。

过去5年，习近平主席28次出访，足迹遍及五大洲、56个国家以及主要国际和地区组织，以元首外交引领中国特色大国外交呈现全新气象。

过去5年，以习近平同志为核心的党中央围绕新时代坚持和发展什么样的中国特色社会主义、怎样坚持和发展中国特色社会主义这个重大时代课题，进行了一系列深刻阐述，作出了一系列重大部署，形成了一系列治国理政新理念新思想新战略。

这样的探索追寻，这样的创新开拓，贯穿在党的十八大以来的历次全会中，融汇于过去5年中国特色社会主义建设的火热实践中，为党的十九大报告起草提供了丰厚依据。

春华秋实，硕果累累。

10月18日上午，习近平同志代表第十八届中央委员会向大会作报告。

代表们为之振奋："党的十九大报告，在总结过去5年工作的基础上作出一系列重大理论概括、重大实践总结、重大战略部署,在深刻阐述习近平新时代中国特色社会主义思想的基础上明确了基本方略,指明了实现中华民族伟大复兴中国梦的前进方向,是中国特色社会主义进入新时代的开篇之作,是实现中华民族伟大复兴的奠基之作。"

凝聚全党意志,顺应人民期待——党的十九大报告起草是一次发扬党内民主、集中党内智慧的过程,是解放思想和统一思想有机结合的过程

党的十九大报告起草伊始,习近平总书记就反复强调:"起草好党的十九大报告,是发扬党内民主、集中党内智慧的过程,是解放思想和统一思想有机结合的过程。"

"中国特色社会主义进入新时代,我国社会主要矛盾已经转化为人民日益增长的美好生活需要和不平衡不充分的发展之间的矛盾。"党的十九大报告对我国社会主要矛盾变化作出的重大论断,格外引人注意。

1956年,党的八大指出,我们国内的主要矛盾,已经是人民对于经济文化迅速发展的需要同当前经济文化不能满足人民需要的状况之间的矛盾。

1981年,党的十一届六中全会指出,我国所要解决的主要矛盾,是人民日益增长的物质文化需要同落后的社会生产之间的矛盾。

改革开放后,随着社会生产力的发展和人民生活需要的变化,我国社会主要矛盾也在累积着变化。在党的十六大报告、十七大报告、十八大报告起草过程中,就曾有人提议修改我国社会主要矛盾的表述。因为时机还不成熟,这个问题未有定论。

党的十九大报告起草调研中,几乎所有的反馈都认为,重新定义我国社会主要矛盾的时机已经成熟,但如何定义却意见不一。

习近平总书记要求先不要急于下结论，要深入调查研究，进行认真细致思考。有关方面按照要求，深入调研，听取各方面意见，进行广泛讨论，最终对当前我国社会主要矛盾的认识趋于一致。这一几上几下、科学审慎的认识过程，正是报告起草工作发扬党内民主、集中党内和各方智慧的写照。

如何践行新发展理念，推动经济持续健康发展？

如何创新社会治理方式，提高社会建设和管理水平？

如何深化生态文明体制改革，加快建设美丽中国？

如何坚持走中国特色强军之路，加快建设世界一流军队？

……

要回答好这些重大问题，同样必须进行充分的调查研究。报告起草工作从一开始，就对调研工作高度重视，并作出了专项部署。

1月17日，中共中央向各省、自治区、直辖市党委，中央各部委，国家机关各部委党组（党委），解放军各大单位、中央军委机关各部门党委，各人民团体党组发出《关于对党的十九大报告议题征求意见的通知》，决定对党的十九大报告议题在党内一定范围内组织讨论，广泛征求意见。同时，还将通过一定方式征求党外人士意见和建议。

2月上旬，根据起草组的工作部署，9个调研组赴16个省区市，就党的十九大报告议题进行调研，召开各级各类座谈会65次。

2月20日至3月31日，按照党中央部署的21个重大理论和实践问题，59个承担部门和单位组成80个调研组，深入1817个基层单位开展实地调研，召开1501次座谈会和研讨会，参会或接受访谈人数21532人，形成80份专题调研报告。这些成果为报告起草奠定了坚实基础。

一次次访谈，汇聚了广大党员的意见和建议；一次次调研，带回基层群众的深切期盼。

5月下旬，25个国家高端智库建设试点单位提交了65份围绕党和国家发展面临的重大理论和实践问题开展深入调研形成的报告，提供起草组研究参考。

8月5日，中共中央向各省、自治区、直辖市党委，中央各部委，国家机关各部委党组（党委）、解放军各大单位、中央军委机关各部门党委，各人民团体党组发出通知，在党内一定范围组织讨论，征求对党的十九大报告稿的意见。

从善如流，兼收并蓄。

从议题设置，到谋篇布局，再到具体表述，只有坚持解放思想、实事求是，方能起草出对我国发展具有指导作用、在国际社会产生广泛影响的报告。

截止到8月25日，各地区各部门各方面对党的十九大报告征求意见稿的意见和建议按期全部返回，共计征求4700余人的意见，收到书面反馈材料总计118份。中央领导同志和党内老同志反馈意见33份。

从21日至25日，习近平总书记在中南海怀仁堂主持召开5次座谈会，分片当面听取31个省区市党政主要负责同志、解放军各大单位和中央军委机关有关部门主要负责同志对报告的修改意见和建议——这是党的全国代表大会文件起草工作的惯例，也是科学决策、民主决策的实践。

8月30日，习近平总书记在中南海怀仁堂主持召开座谈会，当面听取各民主党派中央、全国工商联领导人和无党派人士对党的十九大报告征求意见稿的意见。与会党外人士开诚布公、畅所欲言，提出了许多意见和建议，并提交了10份书面材料。习近平总书记在听取发言后，代表中共中央表示感谢，要求文件起草组认真研究吸纳党外人士意见和建议。

调查、研究、论证，再调查、再研究、再论证。

一次次讨论开放包容，一处处修改字斟句酌，报告就在一点一滴中逐步完善——

经过汇总、整理，各地区各部门各方面共提出修改意见2027条，扣除重复意见后为1773条，其中原则意见179条，具体修改意见1594条；具体修改意见中，实质性修改意见1208条，文字性修改意见386条。

根据习近平总书记的重要指示精神，文件起草组还重点研究吸纳了中央领导同志、从中央领导职务退下来的老同志对党的十九大报告征求意见稿反馈的意见和建议。

截止到提交党的十八届七中全会讨论，文件起草组对党的十九大报告共作出增写、改写、文字精简986处，覆盖各方面意见和建议864条。

10月11日，党的十八届七中全会召开。文件起草组全体同志认真听取全会中委10个分组和中纪委4个分组关于报告的讨论发言，连夜召开工作会议，逐条研究修改意见，提出吸纳建议。

10月14日，党的十八届七中全会第二次全体会议表决通过党的十八届中央委员会向党的十九大的报告（草案）。

按照习近平总书记对报告起草工作的重要指示精神，起草组认真吸纳各方意见，逐条研究，对许多重大问题深入研究，对一些重要表述反复推敲。

光阴荏苒，夏去秋来。

起草组始终按照习总书记强调的"寻求最大共识"的要求，就报告起草涉及的重大理论和实践问题边研究边起草，反复修改、精心打磨。

10月18日，党的十九大开幕会上，这份凝结了全党智慧和心血的报告摆在了2300多名代表和特邀代表的面前。

党的十九大代表是由各级党组织和广大党员选举产生的，他们来自各个方面、各个领域，对实际工作和群众意愿有深刻了解。大会召开前，代表们采取不同方式，认真听取所在选举单位党员群众的意见，并且把他们的期盼和愿望带到了大会上。

10月19日，习近平同志参加党的十九大贵州省代表团讨论。代表们纷纷结合实际，对报告发表意见，畅谈认识和体会。习近平同志边听边记，同代表们展开深入讨论。

习近平同志说，党的十九大报告进一步指明了党和国家事业的前进方向，是我们党团结带领全国各族人民在新时代坚持和发展中国特色社会主义的政治宣言和行动纲领。要深刻学习领会中国特色社会主义进入新时代的新论断，深刻学习领会我国社会主要矛盾发生变化的新特点，深刻学习领会分两步走全面建设社会主义现代化国家的新目标，深刻学习领会党的建设的新要求，激励全党全国各族人民万众一心，开拓进取，把新时代中国特色社会主义推向前进。

党的十九大召开期间，根据各代表团和列席人员两轮讨论反馈的意见，对报告稿又作了修改。

党的十九大报告在党内外、海内外产生强烈反响。从起草过程和反响可以看出，党的十九大报告是充分发扬民主、集中全党智慧的产物，是反映全党意志、体现人民意愿的报告。

不忘初心，牢记使命——党的十九大报告高举习近平新时代中国特色社会主义思想伟大旗帜，引领亿万人民为实现中华民族伟大复兴的中国梦不懈奋斗

10月24日上午，北京人民大会堂。中国共产党第十九次全国代表大会闭幕会在这里举行。经久不息的掌声中，党的十九大报告通过。

这个领导着世界第二大经济体、拥有8900多万名党员的全球第一大政党，向世界展示出愈加成熟、愈发强大的信心和力量。这个近代以来久经磨难的民族，以更加坚定的意志、更加昂扬的斗志迈向社会主义现代化新征程。

今天,面向"两个一百年"奋斗目标的历史交汇期,党的十九大报告对我们党团结带领全国各族人民迈向新征程至关重要。

——这是一份不忘初心、勇担使命的政治宣言。

"中国共产党人的初心和使命,就是为中国人民谋幸福,为中华民族谋复兴。"

中国共产党从诞生之日起,就义无反顾地肩负起这份历史使命,在96年波澜壮阔的革命、建设、改革历程中,百折不挠、历久弥新、永志不忘、矢志不渝。也正是在中国共产党的领导下,中华民族迎来了实现伟大复兴的光明前景。

这份初心,源于96年前南湖红船上生起的革命火种;对这个承诺,一代又一代中国共产党人接续践行、从未改变。

全面回顾过去5年的工作和历史性变革,深刻阐释"四个伟大"的逻辑联系,生动勾勒社会主义现代化强国的轮廓,科学制定民族复兴的时间表、路线图……党的历史使命贯穿党的十九大报告始终,串起国家与民族的过去、现在、未来。

"中华民族伟大复兴,绝不是轻轻松松、敲锣打鼓就能实现的。全党必须准备付出更为艰巨、更为艰苦的努力。"

中国共产党人对历史使命的自觉担当,激起无数人内心的回响。

如何在新的时代条件下,更好地担负起历史赋予的使命?

报告作出清晰回答:"伟大斗争,伟大工程,伟大事业,伟大梦想,紧密联系、相互贯通、相互作用,其中起决定性作用的是党的建设新的伟大工程。"

报告对推进党的建设新的伟大工程作出了全面系统部署,为我们党更好担负起历史使命提出"革命性锻造"要求:"打铁必须自身硬""全面从严治党永远在路上""把党的政治建设摆在首位""夺取反腐败斗争压倒性胜利""全面增强执政本领"……

无论时代如何变迁、挑战如何艰巨,中国共产党的历史使命从未改变，担当一如既往。

有海外学者曾这样评价："中国共产党不仅是一个执政党，更是一个使命党。"

这份历史使命，不仅是对自己的国家、人民、民族的忠诚交付，也是对全世界、全人类的命运关怀。

新中国成立之初，毛泽东同志就曾指出："中国应当对于人类有较大的贡献。"

今天，党的十九大报告庄严宣布："中国共产党是为中国人民谋幸福的政党，也是为人类进步事业而奋斗的政党。中国共产党始终把为人类作出新的更大的贡献作为自己的使命。"

——这是一种人民至上的执政情怀。

统计发现，3万多字的党的十九大报告中，"人民"二字出现超过200次。

党的十九大报告把对人民福祉的热情关注，倾注于字里行间：

提出"推动城乡义务教育一体化发展"，大力促进教育公平，加快补齐乡村教育的短板；

提出"幼有所育、学有所教、劳有所得、病有所医、老有所养、住有所居、弱有所扶"，在以往提法的基础上增加对"幼"和"弱"的关怀，使民生保障覆盖每个人生命全周期的重要方面；

写入"保护人民人身权、财产权、人格权"，强化国家对人民合法权益的全面保护……

党的十九大报告对人民权利的尊崇，彰显我们党一以贯之的人民情怀："坚持以人民为中心""把党的群众路线贯彻到治国理政全部活动之中""坚持人民当家作主""保证人民当家作主落实到国家政治生活和社会生活之中""坚持在发展中保障和改善民生""保证全体人民在共建共享发展中有更多获得感"……

"人民总是被放在第一位。人民是国家的主人，中国共产党存在的意义是为人民服务,这一点在报告中非常明确。"党的十九大报告葡萄牙文语言翻译专家拉法埃尔对此印象深刻。

5年前,刚刚当选中共中央总书记的习近平曾对中外媒体宣示:"人民对美好生活的向往,就是我们的奋斗目标。"

今天,党的十九大报告高扬的旗帜上,"人民"的底色光彩如初、分外耀眼——"永远与人民同呼吸、共命运、心连心,永远把人民对美好生活的向往作为奋斗目标"。

——这是一份高屋建瓴、视野开阔的行动指南。

党的十九大报告作出了中国特色社会主义进入了新时代等重大政治论断,提出了习近平新时代中国特色社会主义思想这一重大理论成果。

这是贯穿3万多字报告的灵魂,也是解读党面向新时代的政治宣言和行动纲领的关键。

这一系列重要论断,既有面对世界格局的深刻调整、中国发展的深刻变化,我们党对国家发展历史方位的清醒认识,也有我们党对时代提出的重大课题的明确回答——坚持和发展什么样的中国特色社会主义、怎样坚持和发展中国特色社会主义。

报告阐述的习近平新时代中国特色社会主义思想的"八个明确"与新时代坚持和发展中国特色社会主义基本方略的"十四个坚持",有机统一、相辅相成,既是过去5年最具深远意义的思想理论成就,也是党的十九大报告的最大亮点。

美国《华尔街日报》网站报道称,习近平新时代中国特色社会主义思想似乎涵盖了中国继续发展面临的所有决策和涉及的所有挑战。

"实践没有止境,理论创新也没有止境。"

人民大会堂内外,代表们热烈讨论,高度赞同。报告把习近平新时代中国特色社会主义思想确立为党必须长期坚持并不断发展的指导思想,实现了马克思主义中国化的又一次飞跃。这是我们党书写在历史上的新的重大贡献，是中国共产党人新时代的精神支柱和力量源泉。

——这是一个豪情满怀、催人奋进的战略安排。

从党的十九大到党的二十大，是"两个一百年"奋斗目标的历史交汇期。

综合分析国际国内形势和我国发展条件，党的十九大报告提出从2020年到本世纪中叶可以分两个阶段来安排——

第一个阶段，从2020年到2035年，在全面建成小康社会的基础上，再奋斗15年，基本实现社会主义现代化；

第二个阶段，从2035年到本世纪中叶，在基本实现现代化的基础上，再奋斗15年，把我国建成富强民主文明和谐美丽的社会主义现代化强国。

现在，距离邓小平同志提出实现现代化"三步走"战略，已经整整过去30年。

在一代又一代接续奋斗的基础上，当代中国共产党人以科学的谋断和充分的自信，不仅把原来第二个百年目标实现的时间表提前了15年，还提出了更高的目标、更高的追求，来推进中国特色社会主义向前发展。

一系列新举措，鼓舞人心；一系列新部署，催人奋进。

96年来，为了实现中华民族伟大复兴的历史使命，中国共产党初心不改、矢志不渝，团结带领人民历经千难万险，创造了一个又一个彪炳史册的人间奇迹。

"今天，我们比历史上任何时期都更接近、更有信心和能力实现中华民族伟大复兴的目标。"

站在新时代，迈向新征程，为了梦想而奋斗的感召如此强烈：

全党全国各族人民要紧密团结在以习近平同志为核心的党中央周围，高举中国特色社会主义伟大旗帜，认真学习贯彻习近平新时代中国特色社会主义思想，锐意进取，埋头苦干，为实现推进现代化建设、完成祖国统一、维护世界和平与促进共同发展三大历史任务,为决胜全面建成小康社会、夺取新时代中国特色社会主义伟大胜利、实现中华民族伟大复兴的中国梦、实现人民对美好生活的向往继续奋斗!(新华社记者　吴晶　胡浩　施雨岑)

新华社北京 10 月 27 日电

二、奋进在中国特色社会主义新时代

—— 从党的十九大看我国发展新的历史方位

在中华人民共和国发展史、中华民族发展史上，这是注定载入史册的时刻——

"中国特色社会主义进入了新时代，这是我国发展新的历史方位。" 10月18日，北京人民大会堂，习近平同志在党的十九大上向世界郑重宣示。

进入新时代，中国特色社会主义伟大旗帜更加高扬。

进入新时代，中华民族伟大复兴的前景更加光明。

一个重大判断——"经过长期努力，中国特色社会主义进入了新时代，这是我国发展新的历史方位"

出席十九大的上海市代表，乘坐"复兴号"高铁，只用了4个多小时就抵达了北京。

不到一个月前，"复兴号"在京沪高铁实现350公里时速运营，再次创造了领先世界的中国速度。

"我见证了中国高铁从追赶者变成领跑者，根本原因在于我们走出了一条独具特色的自主创新之路。"十九大代表、中车长春轨道客车股份有限公司高级技师李万君说。

从"解放"蒸汽机车到"东风"型内燃机车，从"韶山"型电力机车到"和谐号"动车组，直到"复兴号"，这是中国特色社会主义伟大实践和成就的一个缩影,也折射出中国人民对中华民族伟大复兴梦想的追求。

方位决定道路,道路决定命运。

1982年9月,邓小平在党的十二大上创造性地提出"把马克思主义普遍真理同我国的具体实际结合起来,走自己的道路,建设有中国特色的社会主义"。

从那时起,中国特色社会主义成为党的历次代表大会报告的一条主线,成为我们党和国家全部理论和实践的主题,成为引领共产党人砥砺前行的旗帜。

"中国特色社会主义之所以能够引领当代中国发展进步,关键在于坚持把马克思主义基本原理同中国实际和时代特征相结合,坚定不移走自己的路,展现出强大的生命力。"十九大代表、中央党史研究室第二研究部主任黄一兵说。

不忘初心,方得始终。

十八大以来,世界格局深刻调整,中国发展发生深刻变化,我们党必须回答一个重大时代课题:坚持和发展什么样的中国特色社会主义?怎样坚持和发展中国特色社会主义?

迎难而上,开拓进取。

五年来,以习近平同志为核心的党中央用治国理政的伟大实践作出有力回答——

经济建设取得重大成就,全面深化改革取得重大突破,民主法治建设迈出重大步伐,思想文化建设取得重大进展,人民生活不断改善,生态文明建设成效显著,强军兴军开创新局面,港澳台工作取得新进展,全方位外交布局深入展开,全面从严治党成效卓著。

"这五年,是党和国家发展进程中极不平凡的五年,解决了许多长期想解决而没有解决的难题,办成了许多过去想办而没有办成的大事,取得了历史性成就,实现了历史性变革。"十九大代表、中央团校教师万资姿说。

今天，习近平同志郑重宣示："经过长期努力，中国特色社会主义进入了新时代，这是我国发展新的历史方位。"

五年砥砺奋进，成就是全方位的、开创性的；五年励精图治，变革是深层次的、根本性的。

十九大代表、福建省宁德市委书记隋军说："这五年，我们想的是中国特色社会主义，干的是中国特色社会主义，见证了中国特色社会主义进入新时代。"

实践没有止境，理论创新也没有止境。

五年来，以习近平同志为核心的党中央进行艰辛理论探索，取得重大理论创新成果——

在新时代中国特色社会主义思想和基本方略统领下，明确了坚持和发展中国特色社会主义的总任务，明确了新时代我国社会主要矛盾，明确了中国特色社会主义事业总体布局、战略布局……

"我们党鲜明提出新时代中国特色社会主义思想，凝聚着全党的智慧，顺应了人民的期盼，是党的重大理论创新，是马克思主义中国化的最新成果，是党的十八大以来党和国家事业开创新局面的重要指引，也必将引领中国人民走向更加辉煌的未来。"听取报告后，走出人民大会堂，十九大代表姚眉平无比激动。

时代大潮滚滚向前，理论创新永无止境。

中央党校原副校长李君如说："把中国特色社会主义事业大写在中华民族伟大复兴的历史上，大写在世界人民进步的历史上，我们必须有这样的追求，也一定能实现这样的追求。"

一个深刻认识——在"变"与"不变"的辩证中牢牢把握社会主义初级阶段这个基本国情，牢牢立足社会主义初级阶段这个最大实际

有"当代女愚公"之称的贵州罗甸县麻怀村党支部书记邓迎香代

表曾用了 13 年时间，带领村民在大山肚子里"刨"出一条通往外界的隧道。

"隧道修通了，但只是脱贫攻坚奔小康的第一步。发展村里经济、提高村民收入还要多想办法，这一点也不比当初开山挖隧道轻松。"邓迎香说。

进入中国特色社会主义新时代，把握好"变"与"不变"辩证关系，中国发展路径更加清晰、更加光明。

变化的是我国社会主要矛盾——

1956 年，党的八大指出，我们国内的主要矛盾，已经是人民对于经济文化迅速发展的需要同当前经济文化不能满足人民需要之间的矛盾。

1981 年，党的十一届六中全会指出，我国所要解决的主要矛盾，是人民日益增长的物质文化需要同落后的社会生产之间的矛盾。

从社会主义建设到改革开放，再到中国特色社会主义进入新时代，我国社会主要矛盾也发生历史性变化。

十九大报告指出，我国社会主要矛盾已经转化为人民日益增长的美好生活需要和不平衡不充分的发展之间的矛盾。

"这一重大变化对党和国家工作提出了许多新要求，我们要出台更多重大举措，推出更多有力措施，做出更大努力，满足人民更多层次、更高水平的需求，解决好区域、城乡、收入分配等一系列发展不平衡、不充分的问题。"国网辽宁电力公司董事长、党组书记谭洪恩代表说。

不变的是我国社会主义所处的历史阶段——

从我国发展所处的历史坐标看，我国仍处于并将长期处于社会主义初级阶段的基本国情没有变。

我国虽然经济总量居世界第二位，但发展质量和效益还不高，创新能力不够强，实体经济水平有待提高，生态环境保护任重道远，民生领域还有不少短板……

从中国在世界所处的空间坐标看，我国仍是世界最大发展中国家的国际地位没有变。

我国人均GDP虽然已经超过8000美元，但仅相当于美、德、日等发达国家上世纪70年代末的水平，劳动生产率水平也仅为世界平均水平的四成左右……

两个"没有变"指明了我们前进的方向。

十九大报告指出，全党要牢牢把握社会主义初级阶段这个基本国情，牢牢立足社会主义初级阶段这个最大实际，牢牢坚持党的基本路线这个党和国家的生命线、人民的幸福线，领导和团结全国各族人民，以经济建设为中心，坚持四项基本原则，坚持改革开放，自力更生，艰苦创业，为把我国建设成为富强民主文明和谐美丽的社会主义现代化强国而奋斗。

十九大代表、山东东营市委书记申长友表示，把握好变与不变的关系，我们既要保持理论自信，也要坚持战略定力，确保"中国号"巨轮乘风破浪、行稳致远。

一个光明前景——"我们比历史上任何时期都更接近、更有信心和能力实现中华民族伟大复兴的目标"

"我们相信党的十九大必将迈出中华民族伟大复兴的一大步。"10月18日，党代表通道上，面对中外媒体，曾迈步太空的航天员景海鹏代表豪迈而自信。

一切伟大的成就都是接续奋斗的结果，一切伟大的事业都需要在继往开来中推进。

从积贫积弱的颓势中起步，中国共产党人始终将实现中华民族伟大复兴视为肩负的光荣使命。无论是弱小还是强大，无论是顺境还是逆境，初心不改，矢志不渝。

"中国的改革开放没有止步，积累了独特的经验。"来华四年多，俄罗斯驻华大使杰尼索夫见证了中国各个领域的快速发展。

他热切期待着十九大后中国经济改革能继续获得新动力，因为这不仅事关中国经济前途，也与全球经济命运密不可分。

改革开放之后，我们党提出"三步走"战略目标。在解决人民温饱问题、人民生活总体上达到小康水平这两个目标提前实现的基础上，我们党又提出"两个一百年"奋斗目标。

从现在到二十大，是"两个一百年"奋斗目标的历史交汇期。

这一关键时期即将到来之际，十九大报告对新时代中国特色社会主义发展作出新的战略安排——

第一个阶段，从2020年到2035年，基本实现社会主义现代化；

第二个阶段，从2035年到本世纪中叶，把我国建成富强民主文明和谐美丽的社会主义现代化强国。

"这就意味着，我们党原来提出的第二个百年目标将提前15年完成。新的第二个百年目标实现后，中国将真正从站起来、富起来走向强起来。"来自北京建工集团的谭双剑代表兴奋地说，中国梦是每个人的梦，如今美好梦想有了新的图景。

实现新的图景，需要新的奋斗。

在腾格里沙漠南缘，有一个叫黄花滩的地方。这块占地280平方公里的戈壁滩地昔日荒草稀零，现如今却成为扶贫搬迁移民致富的新家园，一排排日光温室，像一座座沙舟，整齐排布。

十九大代表、甘肃古浪县黄花滩生态移民后续产业专业合作社党委书记胡中山带领群众脱贫致富的方式与众不同。别人是"带"字优先，他是"逼"字当头，逼村民，更逼自己。

在胡中山的"精打细算"下，如今的黄花滩村已发展养殖暖棚2720座、日光温室176亩、经济林600多亩，年收入10万元以上的家庭比比皆是。

从坚持党对一切工作的领导到坚持以人民为中心，从坚持新发展理念到坚持人民当家作主，从坚持在发展中保障和改善民生到坚持人与自然和谐共生……

十九大代表、宁夏盐池县王乐井乡曾记畔村党支部书记朱玉国说："在新时代怎么干？十九大报告提出了十四个'坚持'，作为最基层的一名党代表，这些基本方略就是我们今后各项工作的方向。特别是我对'坚持人与自然和谐共生'的理解，就是建设好美丽的曾记畔。"

发展永无止境，奋斗未有穷期。

习近平指出，中华民族伟大复兴，绝不是轻轻松松、敲锣打鼓就能实现的。全党必须准备付出更为艰巨、更为艰苦的努力。

跨越中等收入陷阱、突破利益固化藩篱、应对复杂环境……离宏伟目标越近，越是充满了艰难险阻；夺取新时代中国特色社会主义伟大胜利，必须不断攻克新的问题和难关。

办好中国的事情，关键在党。

一个有着8900多万名党员的大党，一个领导着13亿多人民进行改革开放和社会主义现代化建设的执政党，要怎样保持创造力、凝聚力、战斗力，夯实执政基础、提升执政能力？

"确保党在世界形势深刻变化的历史进程中始终走在时代前列""在坚持和发展中国特色社会主义的历史进程中始终成为坚强领导核心"……十九大报告作出庄严宣誓。

"中国特色社会主义进入新时代，全面从严治党仍然在路上。随着党的建设新的伟大工程的深入，我们党一定能够带领人民进行伟大斗争，推进伟大事业，实现伟大梦想。"十九大代表、江西井冈山市委书记刘洪说。

使命呼唤担当，使命引领未来。

不负人民重托，无愧历史选择，在习近平新时代中国特色社会主义思想指引下，党的坚强领导和顽强奋斗，必将激励全体中华儿女不断奋进，决胜全面建成小康社会，夺取新时代中国特色社会主义伟大胜利！（新华社记者陈晓虎、陈二厚、赵超、林晖、王希）

新华社北京10月18日电

三、高擎习近平新时代中国特色社会主义思想伟大旗帜

——中国共产党第十九次全国代表大会巡礼

历史的航道上,总有某些重要的节点,犹如高高耸立的灯塔,标示出历史前行的方向——

2017年10月24日,北京人民大会堂。举世瞩目的中国共产党第十九次全国代表大会胜利闭幕。

这一刻,中国标定了历史方位、擘画了发展蓝图、明确了前行方向——

新时代,旗帜高扬。习近平新时代中国特色社会主义思想,成为全党全国各族人民实现中华民族伟大复兴的行动指南,中国特色社会主义展现出更加广阔的光明前景。

新时代,征程开启。"两个一百年"奋斗目标交汇之际,决胜全面建成小康社会的同时,中国吹响了全面建设社会主义现代化国家、向着第二个百年目标进军的号角。

新时代,风帆已满。即将迎来百年华诞的中国共产党,以永不懈怠的精神状态和一往无前的奋斗姿态,引领着承载中华民族伟大梦想的航船,胜利驶向光辉的彼岸。

高擎伟大旗帜

党的十九大把习近平新时代中国特色社会主义思想写入党章,成

为引领中华民族坚定前行的思想火炬，在实现中华民族伟大复兴中国梦的进程中发挥领航作用

24日12时8分，在人民大会堂万人大礼堂璀璨穹辉下，出席十九大闭幕会的2300多名代表和特邀代表，庄严举手表决——

大会一致通过关于《中国共产党章程（修正案）》的决议。习近平新时代中国特色社会主义思想正式写入中国共产党章程，写在党的旗帜上。顿时，全场响起长时间的热烈掌声。

掌声为时代而响——

在中国特色社会主义新时代，我们有了伟大思想的光辉指引。

掌声为未来而响——

在中华民族迈向伟大复兴的新征程上，我们有了一往无前的行动指南。

"代表们发自内心的掌声，反映的是8900多万名党员共同心声。"站在人民大会堂东门外宽阔的台阶上，十九大代表林松淑依然沉浸在刚才那激动人心的神圣时刻。"这是具有历史意义的一刻！我认为十九大的最大亮点，就是把习近平新时代中国特色社会主义思想写入党章。"

思想的光芒无远弗届——

《华尔街日报》网站在报道中表示："这一理论非常凝练，内容丰富。"

俄罗斯人民友谊大学教授塔夫罗夫斯基表示，提出习近平新时代中国特色社会主义思想，表明中国共产党在发展道路上迈出了重要的新步伐。

科学真理，标注着历史的航向；中国奇迹，昭示着思想的力量——

169年前，《共产党宣言》发表，社会主义从空想变为科学，如同一道闪电划破资本主义的漫漫长夜；

96年前,中国先进的知识分子用真理之光洞穿历史重重迷雾,拥抱因十月革命汹涌而来的崭新思想。

始终坚持把马克思主义与中国实际相结合,站在历史与时代前列,聚焦重大时代课题——我们党先后形成了毛泽东思想和包括邓小平理论、"三个代表"重要思想、科学发展观在内的中国特色社会主义理论体系,实现了两次重大历史性飞跃。

伟大的时代,需要伟大思想的领航。

"两个一百年"奋斗目标交汇之际,中国特色社会主义进入新的时代,全新的重大时代课题又一次摆在中国共产党人面前:

坚持和发展什么样的中国特色社会主义,怎样坚持和发展中国特色社会主义?

越是关键时刻,越需要明确方向。十九大代表、内蒙古大学党委书记朱炳文说:"中国特色社会主义进入新时代的客观实际,需要我们党在理论上不断拓展新视野、作出新概括、实现新突破。"

真正的马克思主义者,总能直面重大时代课题,开辟发现真理的道路——

肩负历史使命,面对复杂形势,以习近平同志为核心的党中央坚持用马克思主义观察时代、解读时代、引领时代,以高远的历史站位、宽广的世界眼光,提出了一系列治国理政的新理念新思想新战略,取得了习近平新时代中国特色社会主义思想的重大理论成果。

大会期间,38个代表团对十九大报告和党章修正案进行了多场讨论。会场生动热烈的气氛、专注深入的研读、畅所欲言的发言,展现的是全党的共同意志,传递的是时代的呼声——

"在参加扶贫调研时,我亲眼看到那些深度贫困地区真正脱了贫。贫困这个世界性难题,正在被我们破解。"十九大代表、来自上海的一线技工李斌从回忆开始,谈起对正确理论威力的感受,"我不是理论家,但我知道,如果没有正确的思想引领,就办不成这些大事。"

"十九大的最大亮点、五年来的最大成果，就是总结实践经验、凝聚全党智慧，提出了习近平新时代中国特色社会主义思想。"十九大代表、广东省委党校常务副校长杨汉卿认为，这是我们党带领人民开创中国特色社会主义事业的重要里程碑。

"代表团审议时，大家高度赞同把习近平新时代中国特色社会主义思想写入党章。"十九大代表、山东济宁市委书记王艺华说，这是马克思主义与中国实际相结合的又一重大成果，是中国特色社会主义理论体系的重要组成部分，是当代中国的马克思主义。

"八个明确"深刻阐明思想内涵，"十四个坚持"全面谋划基本方略……作为马克思主义中国化最新成果、党和人民实践经验和集体智慧的结晶，习近平新时代中国特色社会主义思想具有鲜明的科学性、时代性、实践性、革命性，在中华民族伟大复兴的征程上树立起思想的灯塔，标注了前进方向，提供了行动指南，具有重大现实意义和深远历史意义。

"十九大让我们实现民族伟大复兴的任务书、路线图更加清晰。"十九大代表裴春亮说，"这表明，在习近平新时代中国特色社会主义思想指引下，我们党对共产党执政规律、社会主义建设规律、人类社会发展规律的认识进一步深化。"

社会主义500年的发展史起伏坎坷。中国共产党人作为"行动的马克思主义者"，立足中国坚实大地，创造出马克思主义的"中国版本"，使马克思主义放射出更加灿烂的真理光芒。

习近平同志指出："只有民族的才是世界的，只有引领时代才能走向世界。"

十九大，中国共产党在新时代召开的这次盛会，成为世界观察中国发展、解码"中国方案"的最佳窗口——

在十九大新闻中心，来自130多个国家和地区的1800多名境外记者络绎不绝；

开幕当天,大会提供的十九大报告10种外文版本很快被争抢一空;

代表团开放日活动中,境外记者认真聆听,踊跃提问,追寻"中国奇迹"背后的"秘密"……

十九大期间,美国《华盛顿邮报》网站发文感慨:美国"喜欢将本国描述为'山巅之城'——让其他国家效仿的、熠熠生辉的榜样。但如今,中国正成为一颗让全世界仰望的'北极星'。"

回望历史,人类社会发展之路曲折向前;审视当今,许多发展中国家还在前行之路上继续求索——

十九大期间,乌拉圭《共和国报》主编卡拉瓦哈尔一直忙于采访报道。中国之行坚定了他的看法:"中国的发展成就为人们展现了另一种现代化道路的可行性,坚定了乌拉圭自主发展的信心。"

俄罗斯科学院远东研究所政治研究和预测中心主任维诺格拉多夫说,中国拓展了发展中国家走向现代化的途径。"中国的成功和历史经验,使其有理由为世界提供以合作共赢为基础的中国方案。中国对许多国家来说是鼓舞人心的榜样。"

理论的源头在实践,真理的力量在行动——

"习近平新时代中国特色社会主义思想是实现中华民族伟大复兴的行动指南,是行动的马克思主义。"多次反复研读十九大报告后,十九大代表、山东潍坊市委书记刘曙光发现一个鲜明特点,"十九大报告提出了上百条新举措,操作性非常强。践行党的指导思想,关键在于'行动'两字,发扬钉钉子精神,抓好工作、推动发展,一步一个脚印去实现我们的奋斗目标。"

战略性新兴产业产值年均增长21%,万人有效发明专利达23件,机器人产业呈现集聚发展态势……十九大代表、安徽芜湖市委书记潘朝晖在列举当地近年大力培育新兴产业取得的进展后说,下一步,要按照习近平新时代中国特色社会主义思想的要求,深入贯彻新发展理念,着力建设现代化经济体系,努力实现高质量快速发展。

两岸旌旗绕碧山，万里写入胸怀间——

十九大闭幕会上，2300多名代表和特邀代表以无记名投票方式，选举第十九届中央委员会和中央纪律检查委员会。

习近平等204名同志当选第十九届中央委员会委员，代表们报以热烈的掌声。

党的十八大以来，习近平总书记发挥举旗定向、掌舵领航的核心作用，推进中国特色社会主义进入新时代，形成了习近平新时代中国特色社会主义思想，赢得了全党全军全国各族人民的衷心爱戴。

中国特色社会主义新时代，有了掌舵领航的核心，有了科学思想灯塔的指引，我们的党必将引领亿万人民在民族复兴的伟大征程上一往无前，破浪前行，使中国特色社会主义在东方大地上展现出更加蓬勃的生机，使科学社会主义在21世纪焕发出更加强大的感召力。

擘画科学蓝图

党的十九大立足新的历史方位，制定了实现中华民族伟大复兴的基本方略与发展蓝图，为建设社会主义现代化强国提供了科学可行的现实路径

5年前，刚刚当选中共中央总书记的习近平在人民大会堂向全国人民作出郑重承诺——

"夙夜在公，勤勉工作，努力向历史、向人民交出一份合格的答卷"；

5年后，十九大开幕时，习近平向世界庄严宣告——

"经过长期努力，中国特色社会主义进入了新时代，这是我国发展新的历史方位。"

全场代表激情澎湃，潮水般的掌声，在人民大会堂久久回荡。历史方位的重大判断，随着电波传遍神州大地、五湖四海。

"我们生于上世纪60年代的一代人，今昔对比，对新时代的体会更深。"十九大代表、在天津从事农业科研的闻凤英在听完报告后激动地说。

十九大开幕这天，在锡林郭勒草原深处，64岁的蒙古族老人达给玛全程观看了习近平作报告的电视直播。3年多前，习近平来这里同牧民们促膝长谈、询问大家生产生活情况时，达给玛就坐在总书记身边。

达给玛高兴地说，她家今年销售奶食品收入能有9万元，比3年前增加了6万元，草原上的生活越来越好！

掌声，回响在雄伟的人民大会堂；笑容，绽放在广袤的神州大地。这是对5年"答卷"的最好评判。

解难题、办大事，5年来中华民族的面貌焕然一新——

国内生产总值保持年均增长7.2%，中国成为世界经济的"稳定之锚"；6000多万贫困人口脱贫，创造了人类减贫史上的奇迹；1500多项改革举措挺进"深水区"，敢啃"硬骨头"；淘汰落后产能、开展环境问责，美丽中国的画卷铺展开来；既"打虎"又"拍蝇"、着力重构政治生态，党的面貌为之一新……

迈进新时代、开启新征程，十九大绘制出新的奋斗蓝图——

从2020年到2035年，奋斗十五年，基本实现社会主义现代化。

从2035年到本世纪中叶，再奋斗十五年，把我国建成富强民主文明和谐美丽的社会主义现代化强国。

"这意味着，我们党原来提出的第二个百年目标将会提前十五年完成；这意味着，新的第二个百年奋斗目标更加激动人心、催人奋进！"来自北京建工集团的十九大代表谭双剑对新的奋斗目标反复体味，十分振奋，"那时，我们的祖国将更美更富更强。"

宏伟的蓝图，指引前行的方向，激发奋进的力量。

从会场到餐厅，从"党代表通道"到开放日活动，代表们畅谈祖国发展成就，探讨未来发展前景，对民族更加美好的明天信心满怀。

翻阅着手中的十九大报告,感受着大会的热烈气氛,来自河北省的教师代表王文霞心情激动。步出会场,她就给所教的高中学生打去电话:"你们现在十七八岁,从现在起到2050年,正是你们大展宏图的新时代。一定要好好学习,报效祖国,不负美好时光,不负伟大时代!"

回望历史,环顾全球,只有中国共产党人始终以坚定不移的意志信念和高瞻远瞩的战略眼光,锲而不舍地对一个国家、一个民族未来数十年的发展作出切实可行的清晰规划——

30年前,我们党在十三大上提出了"三步走"的发展战略;

20年前,面向21世纪,我们党又在十五大上提出"两个一百年"奋斗目标;

今天,中国特色社会主义进入新时代,我们再次擘画未来30多年的宏伟蓝图,指引着"中国号"巨轮驶向更加辽阔的海域。

"总任务是实现社会主义现代化和中华民族伟大复兴,在全面建成小康社会的基础上,分两步走在本世纪中叶建成富强民主文明和谐美丽的社会主义现代化强国"……

"从'三步走',到'两阶段',这是一个重大的跨越和提升。"中央党校教授辛鸣说,十九大作出的战略安排,生动体现了中国共产党人实现民族复兴的接续奋斗,深刻凸显了以习近平同志为核心的党中央运用战略思维、进行战略谋划的高超智慧和卓越能力,充分昭示了党和国家事业蓬勃发展的光明前景。

新的奋斗征程,需要始终保持战略定力。

面向新时代,十九大作出一个极为重大的判断——

"我国社会主要矛盾已经转化为人民日益增长的美好生活需要和不平衡不充分的发展之间的矛盾。"

"这体现了中国特色社会主义进入新时代后呈现的新特征、面临的新任务和新挑战。"十九大代表、国务院三峡办主任聂卫国认为,"以往我们要解决的是有没有的问题,现在则是要解决好不好的问题。"

面向新时代,中国共产党人始终保持着足够的清醒——

"我国仍处于并将长期处于社会主义初级阶段的基本国情没有变,我国是世界最大发展中国家的国际地位没有变"。

"变的是'社会主要矛盾',不变的是社会主义初级阶段依然是我们的'最大实际'与'最大国情'。"清华大学国情研究院院长胡鞍钢认为,党的十九大科学把握"变"与"不变"的辩证关系,既自信面向未来,又保持战略定力,确保中国的发展行稳致远。

进入新时代,人民新期待——

更好的教育、更稳定的工作、更满意的收入、更可靠的社会保障、更高水平的医疗卫生服务、更舒适的居住条件、更优美的环境、更丰富的精神文化生活……改革开放以来尤其是党的十八大以来,人民生活水平得到显著改善,但与此同时13亿多中国人对更美好生活有了更强烈的向往。

十九大宣告中国特色社会主义进入新时代,也必然意味着中国共产党带领中国人民开创更加美好幸福生活的事业进入了新阶段。

作为北京市环保监测中心大气室主任,李云婷代表最关注十九大报告中关于环境保护方面的内容,她用笔把相关语句专门标了出来。

"我仔细通读了好几遍,报告用不少篇幅讲生态文明建设。"李云婷说,尽管2013年以来北京空气中PM2.5浓度逐年下降,但与老百姓的期望相比还有距离,治理污染的任务仍然艰巨。

"从过去盼温饱、求生存到如今对生活有了更高要求,十九大报告顺应了人民的新期待。"十九大代表、广东省惠州市委书记陈奕威说。

有期待,就有回应;有问题,就有答案——

从坚持党对一切工作的领导到坚持以人民为中心,从坚持全面深化改革到坚持新发展理念,从坚持人民当家作主到坚持全面依法治国……十九大报告用了14个"坚持",勾勒出新时代坚持和发展中国特色社会主义的基本方略。

从"跻身创新型国家前列"到"成为综合国力和国际影响力领先的国家",从"人民生活更为宽裕"到"全体人民共同富裕基本实现",从"生态环境根本好转"到"人民将享有更加幸福安康的生活"……十九大为我们擘画"两个阶段"战略安排,始终把人民对美好生活的向往作为奋斗目标。

"十九大报告让亿万人民看到了更加美好的明天。"十九大代表、中国石油辽河油田党委书记任芳祥表示,新蓝图使国家发展能够循序渐进,为接续奋斗确定了路标指引。

"目标明确,路径清晰。"十九大代表、江苏无锡市委书记李小敏说,在习近平新时代中国特色社会主义思想的指引下,我们党一定能够率领全国人民建成社会主义现代化强国。

雄关漫道真如铁,而今迈步从头越。从新时代启航,无论潮平岸阔,还是急流险滩,中国共产党引领"中国号"巨轮,沿着既定的航线,乘风破浪,坚定前行。

开启新的征程
党的十九大凝聚起全党全国各族人民的磅礴力量,开启建设社会主义现代化强国、实现第二个百年奋斗目标的新征程,奋力走向中华民族伟大复兴的光明前景

连日来,陕西延川县梁家河村——习近平同志当年在这里度过7年知青岁月的村庄,迎来了一批又一批前来学习的党员群众。"当年,他看到农民生活太苦了,千方百计想办法,弄沼气、办代销社,改变农村穷苦的面貌。"梁家河村民王宪军说。

如今,梁家河已经富起来,有1200亩生态果园,村民办起了农家乐,很多人家有了楼房,买了小汽车。

不忘初心,方得始终。

"中国共产党人的初心和使命,就是为中国人民谋幸福,为中华民族谋复兴。"——在进入新时代的这次盛会上,习近平同志在报告中郑重宣示。

72年前,在延安召开的党的七大把毛泽东思想写在党的旗帜上,奠定了中国革命在全国胜利的基础。

"党的十九大是一次继往开来、承前启后的大会,开启了新的奋斗征程。"十九大代表、陕西延安市委书记徐新荣说,"新时代新征程,延安200多万人民要在贯彻落实习近平新时代中国特色社会主义思想上走在前列、干在实处,2018年实现精准脱贫,到建党100周年时,给全党和全国人民呈现一个新的延安。"

使命呼唤担当,使命引领未来。

160多年前,马克思曾预言:如果世界历史的一极是西方,那么另一极便是中国,西方世界乃至人类世界未来的命运,在很大程度上取决于中国的命运。

此时此刻,我们比历史上任何时期都更接近中华民族伟大复兴的目标,比历史上任何时期都更有信心、有能力实现这个目标。

长风破浪会有时,直挂云帆济沧海。

开启实现伟大梦想的新征程,需要落实新时代党的建设总要求,确保党始终同人民想在一起、干在一起——

伟大的事业必须有坚强的党的领导。

无论是浴血奋战的革命年代,还是艰苦创业的建设时期和波澜壮阔的改革时期,中国共产党始终是时代先锋、民族脊梁。

中国特色社会主义制度的最大优势是中国共产党领导,党是中华民族的"主心骨"。

今年夏天,湖南遭遇特大洪水。

"防汛抗灾取得胜利,老百姓都说,关键时刻还是共产党员靠得住、顶得上。"当时就在抗洪一线的湖南益阳市委书记瞿海代表说。

党在，人民就有了"定盘星"；

党在，就能和人民一起筑起坚不可摧的堤坝。

进入新时代，党的建设新的伟大工程起着决定性作用。十九大报告特别强调，中国特色社会主义进入新时代，我们党一定要有新气象新作为。

十九大代表、中石化胜利石油管理局党委书记杨昌江说，十九大报告强调把党的政治建设摆在首位，"我们要把推进从严治党向基层延伸作为重要课题，延伸基层、聚焦支部、建强堡垒"。

基层党组织是执行党的决定、抓政策落实的坚强基石。

"脱贫攻坚讲习所得到习近平同志的肯定，更加坚定了我们继续办好讲习所的决心和信心！"十九大代表、毕节市委书记周建琨谈起习近平同志19日在参加十九大贵州代表团讨论时的一幕，心情格外振奋。

2017年初，毕节建立脱贫攻坚讲习所，市县乡领导干部带头深入农村脱贫攻坚一线，通过"讲""习"等宣讲方式，有针对性开展贫困户劳动力技能培训、创业和就业服务，有效发挥了党的引领作用。

十九大代表、甘肃陇南市委书记孙雪涛说，抓落实是基层党委的重大政治责任，必须牢牢扛在肩上，抓在手上。基层干部走在前、干在先，才能引领广大群众积极投身到实现伟大梦想的实践中。

十九大代表、青海省玉树藏族自治州委书记吴德军注意到，十九大报告已提出要在全党开展"不忘初心、牢记使命"的主题教育，"回去第一时间就向全州基层党员传达十九大精神，抓落实、加油干！"

河南兰考是习近平同志心中时时牵挂的地方。

会议期间，十九大代表、兰考县委书记蔡松涛见到记者便掏出二维码邀请扫码，介绍兰考近年来取得的巨大变化。今年3月，兰考正式退出贫困县，彻底甩掉了"穷帽子"。

"老书记焦裕禄说过'干部不领，水牛掉井'。"蔡松涛说，"我们基层党员干部要负责任、敢担当，决不辜负总书记和人民的重托。2020年兰考有信心和全国人民一道实现全面小康！"

开启实现伟大梦想的新征程，需要把握社会主要矛盾新变化，把人民群众对美好生活的需要作为出发点——

新时代，新期待。

我国社会主要矛盾的变化，意味着人民美好生活需要日益广泛，不仅对物质文化生活提出了更高要求，而且在民主、法治、公平、正义、安全、环境等方面的要求日益增长。

"多年以前，温饱就已不是问题。现在的问题在于，怎么能让不缺吃不缺穿还有钱花的群众，真正感觉到舒心、幸福。这是一个难度不小又亟待解决的问题。"十九大代表、陕西省铜川市王益区红旗社区党总支书记李秋莲说。

新形势下，肩负艰巨的历史使命，面临复杂的形势挑战，需要继续进行具有许多新的历史特点的伟大斗争。

"不平衡体现在区域不平衡、城乡不平衡，发展领域不平衡，不同职业、不同行业发展的不平衡；不充分体现在资源优势、各种生产要素的作用没有充分发挥，有的领域虽然发展达到较高水平，但跟世界相比依然差距较大，民生保障和友好环境建设等方面还有待进一步提升。"十九大代表、陕西省发改委主任方玮峰说。

"以人民为中心"，这是贯穿十九大报告的鲜明主线；"为人民谋幸福"，这是十九大会议上传递出的鲜明信号。

"国家在空气污染治理、节能减排、环境保护等方面做了大量工作，但群众期待我们做得更好。"从事环境工作的张丽华代表说，建设美丽中国，今后任务还很艰巨，治理污染不能松松劲、歇歇脚。

十九大报告庄严宣示，人民是历史的创造者，是决定党和国家前途命运的根本力量，要"把党的群众路线贯彻到治国理政全部活动之中，把人民对美好生活的向往作为奋斗目标，依靠人民创造历史伟业"。

与人民同呼吸、共命运、心连心，人民才会把梦想和希望交给你；把人民对美好生活的向往作为奋斗目标，人民才会跟着你同甘共苦奋勇前进。

开启实现伟大梦想的新征程，需要聚合起亿万人民的磅礴力量，以更加昂扬的姿态走好新时代的长征路——

"不忘初心，牢记使命"——人民大会堂万人大礼堂，十九大会场，巨大的横幅高高悬挂。

3万多字，70多次掌声，习近平同志所作的十九大报告引起社会强烈反响，被外媒誉为一次中国共产党的"超级公开课"。

"中华民族伟大复兴，绝不是轻轻松松、敲锣打鼓就能实现的。"习近平同志在十九大报告中发出号召，要坚忍不拔、锲而不舍，奋力谱写社会主义现代化新征程的壮丽篇章。

一切征程都没有坦途。

有"涉险滩、闯深水"的拼劲，有"踏石留印、抓铁有痕"的坚韧，有"绣花"功夫的精准——中国共产党人的奋斗姿态，就是中国的前进状态。

新征程鼓舞人心，新使命重在担当。

"自己入党的初衷是什么？就是为人民服务、甘于奉献付出。"十九大代表、贵州罗甸县麻怀村村支书邓迎香说。这位被称为"当代女愚公"的村支书，带着村民用钢钎、锤子，12年里人工开凿出一条216米的隧洞，硬是打通了走出大山的通道。

说起未来，邓迎香有了新的方向："我们跟着党的奋斗目标走，带着全村彻底丢掉'穷帽子'，争取户户住上新砖房、家家都有小汽车。"

武夷山脉北麓，风景秀丽，有畲族儿女世代居住的家园。

"建设美丽中国，实施乡村振兴战略，使命沉甸甸的。我们要像对待生命一样对待生态环境，为子孙后代守护美丽畲乡。"十九大代表、江西铅山县篁碧畲族乡党委书记雷海燕说。

"加快建设创新型国家",这是十九大报告的一个重要内容。

"了望前方,虽然看得见彼岸,但不击楫勇进,就不会抵达。"十九大代表、沈阳鼓风机集团设计院副总工程师姜妍说。

走出人民大会堂,这位主持研发我国第一台百万吨乙烯压缩机的女工程师难抑激动。她说:"我们科技工作者赶上了大显身手的好时候。作为一名工程师,我的梦想就是让中国所有大型石化装备都跳动一颗'中国心'!"

回首十九大,多少高光时刻;

展望新征程,多少豪情激荡。

"我真的十分渴望,再上一次太空,再当一次先锋,再打一场胜仗!"十九大代表、三次飞天的英雄航天员景海鹏说,"作为航天员,就是要时刻做好准备!"

一个时代有一个时代的使命;一代人有一代人的长征路。

"勇做时代的弄潮儿,在实现中国梦的生动实践中放飞青春梦想"——这是"90后"党代表、乒乓球运动员丁宁,对报告中印象格外深的一句话。

历史,只会眷顾坚定者、奋进者、搏击者,而不会等待犹豫者、懈怠者、畏难者。

"只要我们党把自身建设好、建设强,确保党始终同人民想在一起、干在一起,就一定能够引领承载着中国人民伟大梦想的航船破浪前进,胜利驶向光辉的彼岸!"

进入中国特色社会主义新时代,习近平同志向全党全国各族人民发出坚强有力的号召。

这是自信的政党;这是自信的民族;这是自信的中国。

历史,见证我们再次出发,见证我们从胜利走向新的胜利。(记者秦杰、邹声文、张旭东、刘华、徐扬、林晖)

新华社北京10月24日电

★ 延伸阅读

十九大报告，习近平宣示"新时代"

【学习进行时】举世瞩目的中国共产党第十九次全国代表大会18日隆重开幕，习近平代表第十八届中央委员会向大会作了题为《决胜全面建成小康社会 夺取新时代中国特色社会主义伟大胜利》的报告，指出"中国特色社会主义进入了新时代"。新华社《学习进行时》原创品牌栏目"讲习所"今天推出文章，为您解读。

"经过长期努力，中国特色社会主义进入了新时代，这是我国发展新的历史方位。"

2017年10月18日，在中国共产党第十九次全国代表大会上，习近平郑重宣示。

这一宣示，概括了中华民族的伟大飞跃，坚定了中国共产党的时代使命。

这一宣示，明确了旗帜，更预示了未来。

实干兴邦　伟大飞跃铸就新时代

变革是观察时代发展的标尺，一个新时代的到来必定伴随着一场广泛、深刻的变革。

"五年来的成就是全方位的、开创性的，五年来的变革是深层次的、根本性的。"

十九大报告中，习近平用"极不平凡的五年"高度总结了我们党团结带领人民取得改革开放和社会主义现代化建设历史性成就的壮阔历程。

立于新时代的涛头回望这五年,才更能读出"极不平凡"这四个字的分量。

2012年11月15日,刚刚当选中共中央总书记的习近平,面对五百多名中外记者,将新的中央领导集体的使命概括为三个责任,从此将担当起中华民族的历史责任作为治国理政的信念与追求。

面对世界经济复苏乏力、局部冲突和动荡频发、全球性问题加剧的外部环境,面对我国经济发展进入新常态等一系列深刻变化,在新的历史起点上,每前进一分,难度便增加十分。在参观《复兴之路》展览时,习近平坚定表示,中华民族的明天,可以说是"长风破浪会有时"。

空谈误国,实干兴邦。回顾这五年,习近平在报告中以"迎难而上,开拓进取"八个字为统领,从十个方面作出深刻阐述。

这五年,以习近平同志为核心的党中央提出一系列新理念新思想新战略,出台一系列重大方针政策,推出一系列重大举措,推进一系列重大工作,解决了许多长期想解决而没有解决的难题,办成了许多过去想办而没有办成的大事,党和国家事业发生历史性变革。

这五年,党的面貌、国家的面貌、人民的面貌、军队的面貌、中华民族的面貌发生了前所未有的变化,中华民族正以崭新姿态屹立于世界的东方。

新姿态标志新飞跃。"近代以来久经磨难的中华民族迎来了从站起来、富起来到强起来的伟大飞跃,迎来了实现中华民族伟大复兴的光明前景",习近平在报告中作出这一历史性论断。

新飞跃铸就新时代。习近平三个"意味着"的阐述,表明中国特色社会主义进入新时代,在中华人民共和国发展史上、中华民族发展史上具有重大意义,在世界社会主义发展史上、人类社会发展史上也具有重大意义。

不忘初心　伟大工程担当新时代

十九大报告中，习近平用五句话深刻揭示了新时代的内涵，指出这个新时代，是承前启后、继往开来、在新的历史条件下继续夺取中国特色社会主义伟大胜利的时代，是决胜全面建成小康社会、进而全面建设社会主义现代化强国的时代，是全国各族人民团结奋斗、不断创造美好生活、逐步实现全体人民共同富裕的时代，是全体中华儿女勠力同心、奋力实现中华民族伟大复兴中国梦的时代，是我国日益走近世界舞台中央、不断为人类作出更大贡献的时代。

归结起来，新时代的主题就是为中国人民谋幸福、就是为中华民族谋复兴。这正是中国共产党人的初心和使命。

近代以来的中华民族，历经了战乱频仍、山河破碎、民不聊生，无数仁人志士前仆后继，探求着救国救民之路，却始终未能改变中华民族的命运。

为什么取得伟大成功的只有中国共产党？因为她一经成立就把实现共产主义作为最高理想和最终目标，因为她一经成立就把"人民"和"民族"写在自己的旗帜上，义无反顾肩负起实现中华民族伟大复兴的历史使命。

为了实现中华民族伟大复兴的历史使命，无论是弱小还是强大，无论是顺境还是逆境，中国共产党都初心不改、矢志不渝，团结带领人民攻克了一个又一个看似不可攻克的难关，创造了一个又一个彪炳史册的人间奇迹。

细细梳理十八大以来的五年，统筹推进"五位一体"总体布局，协调推进"四个全面"战略布局，以"五大发展理念"引领发展，伟大的成就无不凝结着中国共产党人对人民的赤子之心，对民族的使命担当。

正因如此，进入新时代，报告指出，"我国社会主要矛盾已经转化为人民日益增长的美好生活需要和不平衡不充分的发展之间的矛盾"。

也正因如此，进入新时代，报告强调，要牢牢把握社会主义初级阶段这个基本国情，牢牢立足社会主义初级阶段这个最大实际，牢牢坚持党的基本路线这个党和国家的生命线、人民的幸福线。

"不忘初心，牢记使命"开宗明义，贯穿整个报告，三万多字的报告就是初心写照、使命呼唤。

习近平指出，实现伟大梦想，必须进行伟大斗争，建设伟大工程，推进伟大事业。他特别强调，起决定性作用的是党的建设新的伟大工程。

只有永葆初心，才能确保党在世界形势深刻变化的历史进程中始终走在时代前列，在应对国内外各种风险和考验的历史进程中始终成为全国人民的主心骨，在坚持和发展中国特色社会主义的历史进程中始终成为坚强领导核心，激励中华儿女不断奋进，凝聚起同心共筑中国梦的磅礴力量。

坚持真理　伟大思想引领新时代

马克思主义是我们立党立国的根本指导思想。

领导中国革命的漫漫征途上，中国共产党人不仅翻越了千山万水，而且翻越了把马克思主义当做一成不变的教条的错误思想障碍。

改革开放之初，我们党又发出了走自己的路、建设中国特色社会主义的伟大号召，推动我国经济实力、科技实力、国防实力、综合国力进入世界前列，推动我国国际地位实现前所未有的提升。

九十六年的惊涛骇浪、九十六年的光辉历程一再证明，只有掌握科学理论才能把握正确前进方向；只有立足实际、独立自主开辟前进道路，才能不断走向胜利。

马克思主义并没有结束真理，而是开辟了通向真理的道路。引领新时代，中国共产党人必须不断超越经典，在理论上不断拓展新视野、作出新概括，对坚持和发展什么样的中国特色社会主义、怎样坚持和发展中国特色社会主义继续作出新的回答。

五年来，以习近平同志为核心的党中央坚持辩证唯物主义和历史唯物主义，紧密结合新的时代条件和实践要求，以全新的视野深化对共产党执政规律、社会主义建设规律、人类社会发展规律的认识，进行艰辛理论探索，取得重大理论创新成果，形成了习近平新时代中国特色社会主义思想。

在报告中，习近平用八个"明确"系统回答了新时代中国特色社会主义思想的基本内涵，深刻阐述了构成新时代坚持和发展中国特色社会主义的基本方略。

这是习近平首次对新时代中国特色社会主义思想作出深入阐述，仔细理解八个"明确"、十四条基本方略，就是运用马克思主义基本原理去探究中国面对的现实之问、时代之问、未来之问。

习近平新时代中国特色社会主义思想是对马克思列宁主义、毛泽东思想、邓小平理论、"三个代表"重要思想、科学发展观的继承和发展，是马克思主义中国化最新成果，是党和人民实践经验和集体智慧的结晶，是中国特色社会主义理论体系的重要组成部分，是全党全国人民为实现中华民族伟大复兴而奋斗的行动指南，必须长期坚持并不断发展。

时代是思想之母，实践是理论之源。引领新时代，我们党就要善于聆听时代声音，勇于坚持真理、修正错误。实践没有止境，理论创新也没有止境，引领新时代，我们党就必须在理论上跟上时代，不断认识规律，不断推进理论创新、实践创新、制度创新、文化创新以及其他各方面创新。

历史车轮滚滚向前，时代潮流浩浩荡荡。历史只会眷顾坚定者、奋进者、搏击者，而不会等待犹豫者、懈怠者、畏难者。

"路漫漫其修远兮，吾将上下而求索。"十九大报告，习近平的新时代宣示，是坚定的宣示，奋进的宣示，是搏击滚滚时代洪流的宣示。

（新华网记者 王子晖）

第二章
铸就新时代中国特色社会主义新辉煌

一、世界瞩目中国新时代
——倾听十九大新闻中心的"中国声音"

这是世界观察中国的重要窗口——全球五大洲三千多名记者相聚党的十九大新闻中心，在问答之间向世界展现中国迈向新时代的重要信息。

这是中国与世界对话的平台——记者招待会、集体采访、个人采访、参观采访……从新闻中心发出的"中国声音"向世界展现了更加开放、更加自信的中国和中国共产党形象。

铺展宏伟蓝图　中国昂扬自信迈向新时代

10月19日至23日，5天累计6场记者招待会、8场党代表集体采访……在十九大新闻中心，关于十九大和中国的信息密集传出，不少中外记者每天忙得像"陀螺"。

"新闻中心组织的各种采访活动，是了解中国共产党过去5年执政成就和未来发展规划的绝佳途径。"在新闻中心"蹲守"多日的巴基斯坦独立新闻社记者穆罕默德·扎米尔·阿萨迪得出这样的结论。

一场场记者招待会，通过邀请权威部门主动发声，及时向世界阐释十九大报告的深刻蕴涵；一场场集体采访，通过基层一线党代表的亲身感受，向世界传递出中国的真实声音。

在这里，中国迈向新时代的宏伟蓝图牵动世界目光。

"加强党建工作和全面从严治党""加强思想道德和文化建设""党

的统一战线工作和党的对外交往""以新发展理念为引领，推进中国经济平稳健康可持续发展""满足人民新期待，保障改善民生""践行绿色发展理念，建设美丽中国"，6场记者招待会主题都紧扣十九大报告，释放中国发展新动向。

在这里，中国发展取得的历史性成就令世界瞩目。

10月21日下午，国家发展改革委三位负责人亮相第四场记者招待会，吸引320余名中外记者参会。

"这场招待会信息量非常大。"北欧绿色邮报网记者陈雪霏说，作为全球经济发展的重要引擎，中国经济未来前景海外高度关注，我们希望从中找到中国经济奇迹的"秘诀"。

"新时代""大手笔""极不平凡"……这是连日来频繁出现在海内外媒体上的"关键词"；"中国机遇""中国模式"……正在成为国际舆论场中的"高频词"。

"今天，国际社会希望学习中国经验、中国道路的声音越来越多，而我的所观所感，更加坚定了我要了解中国经验、解读中国发展的兴趣和决心。"菲律宾记者瑞伊·雷克如是说。

直面世界提问　彰显坦诚务实

"对高级干部的监督是否存在盲区和漏洞？"

"反腐败斗争将如何取得压倒性胜利？"

"中国共产党有什么好的方法杜绝腐败现象？"

……

这些"热辣""尖锐"的提问，出自十九大新闻中心19日举行的首场记者招待会和首场集体采访。

"中国共产党从不讳疾忌医，从不回避自身存在的问题。""推进巡视全覆盖、派驻纪检组全覆盖，组建纪委内部干部监督机构，就是要最大限度消除党内监督盲区。"……权威部门和基层党代表的回答，让现场记者普遍感到"有料""解渴"。

有外媒评价说，反腐工作和组织人事工作是海外媒体最感兴趣的话题之一，十九大首场记者招待会就安排了这一议题，让媒体获得了很多新闻。

直面问题，坦诚务实。连日来，新闻中心的记者招待会和集体采访中，宗教自由问题、粤港澳大湾区建设、资本"脱实向虚"……这些舆论关注的焦点敏感话题，场场有涉及，个个有回应。

"如何让孩子上好学？""如何保持就业总体稳定？""房地产形势和下一步调控目标是什么？""如何解决群众看病就医问题？"……这些百姓关切的难点热点问题，在答问中清晰了改革方向。

坦诚的背后是气度和担当。

这是新闻中心一道独特的风景——8场集体采访邀请基层党代表，围绕法治、文化、科技创新、教育、环保等议题回答记者提问。没有发布台，没有发布词，基层党代表坐成一排，对媒体的提问有问必答。

10月20日，"文化发展开创新局面"集体采访临近尾声时，京剧表演艺术家孟广禄代表站起身，即兴演唱《铡美案》经典唱段，引得现场很多记者举起了手机，也把集体采访的现场气氛推向一个小高潮。香港大公报文汇传媒记者刘晓宇说，透过这个小花絮，可以看出一种昂扬、自信。

展现开放透明　"中国声音"成全球瞩目焦点

10月23日14时许，距最后一场关注绿色发展的记者招待会开始还有约1小时，新闻发布厅里已座无虚席。美国全美电视台首席记者陆煜一如前几天坐在了记者席第一排中央。

"新闻中心开张以来，我几乎参加了所有记者招待会和集体采访。每场都是提前两三个小时抢占有利位置。"陆煜说，他希望能近距离感受到中国共产党人的精气神。

如陆煜所感悟，党的十九大以空前的开放姿态，向世界展现了更加成熟、更加自信的共产党形象。

首次设立融媒体访谈室，首次开设新闻中心微信公众号，首次开发、启用境外记者报名注册审核系统和采访代表申请审核系统，新闻中心的众多"第一次"，令境外记者赞叹："中国热情地向世界敞开怀抱！"

在新闻发布厅，记者招待会的开场白交替传译变为了同声传译，节省下时间为了给记者更多提问机会。

埃及《金字塔报》记者萨米说，这次报道的一大体会就是境外记者得到更多提问机会，让世界看到一个更开放自信的现代中国。

"气清更觉山川近，意远从知宇宙宽。"迈向新时代，世界瞩目更加开放的中国，开放的中国以更加开阔的视野和博大的胸怀拥抱世界。（新华社记者韩洁、刘羊旸、崔静）

新华社北京 10 月 23 日电

二、中国发展进入新时代

——9名外籍语言专家眼中的十九大报告

一个世界最大政党,引领最大发展中国家,擘画未来,吸引无数关注。

一份关键时期的纲领性报告,寄托民族梦想,点点着墨,牵动万千目光。

引人注目的是,一批"外国面孔"参与了中共十九大报告的译校工作,成为最早看到十九大报告的外国人,涵盖英、法、俄、西、日、德、阿、葡、老挝9种语言。这是自改革开放以来,中共首次邀请外籍专家参与党代会报告外文版译校工作。

"新时代等新提法令人印象深刻"

在大会召开前10天,负责外文版译校的外籍专家拿到报告文稿。

翻译工作开始的第一天,俄文专家凤玲从早上8点一直工作到晚上11点。"看过这份报告,你能了解中国正在发生的一切。报告吸引着我,其他的一切都忘了。"她说。

这份全世界翘首以待的报告内容吸引了所有外籍专家的目光。共同的聚焦,不同的视角。接受新华社记者采访时,几位专家不约而同用"强有力"一词形容对报告的第一印象。

"我印象最深的是报告提出中国特色社会主义进入新时代这样一个提法,这是对中国新的历史定位,将促进中国更快实现全面现代化。

同时也为世界上其他希望加快发展的国家提供了中国智慧。"60岁的阿拉伯文专家叶海亚说。

在全面建成小康社会的基础上，分两步走在本世纪中叶建成富强民主文明和谐美丽的社会主义现代化强国……"十九大报告里对实现中国梦的部署和中国梦由哪些方面构成进行了具体的描述，这些具有非常的吸引力。"德文专家吕宁说。

"人民总是被放在第一位，这一点在报告中体现得非常明确。"葡萄牙文专家拉法埃尔表示。"也就是说，一切从人民出发。当人民提出某一个问题，党就立即研究考虑并解决。"老挝文专家拉姆恩·乔维吉说。

"即使是外国人，我也能感受到报告背后的决心以及其中包含的重要思想。"英文专家桃李说。

"日新月异的发展态势给人惊喜"

作为外籍专家译校报告，光中文好是不够的。"还需要了解中国国情和历史，对国家发展理念、战略、方针有所领悟。"31岁的法文专家福佩吉说。

报告浓墨重彩，折射出中国的历史性巨变。

十九大报告指出：五年来的成就是全方位的、开创性的，五年来的变革是深层次的、根本性的。

9名外籍专家在中国工作生活，对这五年间的变化有切身感受。直面问题，赞叹成就，他们对未来中国充满期待。

"我深深感受到，五年来中国最大变化之一是在生态和环境保护方面。"日文专家岩崎秀一说，"2012年我参加了北京马拉松比赛，觉得空气浑浊。这几年明显有了改善。今年参加马拉松比赛时，我觉得空气质量达到了几年来的最优值。"

福佩吉说："中国可能是在新能源方面投资最多的国家，在减排方面也制定了很多目标。相信将来会越来越好。"

"中国人的生活水平显著提高了,这从永远客满的餐厅、广场上跳舞的人群就看得出。"无现金支付、共享经济……科技创新成果被不断应用到实际生活中,凤玲和其他几名专家在翻译"加快建设创新型国家"内容时,产生了强烈共鸣。

报告中的一组组数字,印证着专家们的一句句感慨:五年的时间,中国国内生产总值从 54 万亿元增长到 80 万亿元,稳居世界第二;城镇新增就业年均 1300 万人以上……

巨变远远不止发生在经济、社会生活领域。"中国出现了许多新的政治风尚,风清气正,公开透明,积极向上。"吕宁说。

"中国共产党正以更加崭新的面貌展示自己"

"这是一个想要发展、想要前进的党。"面对正在翻译的十九大报告,福佩吉发出这样的感叹。

从在贫穷破碎的乱世中挺立而出,到引领 13 亿人决胜全面建成小康社会;从建党时的 50 多人壮大到现在的逾 8944 万名党员;96 年奋斗、68 年执政、39 年改革开放……中国共产党的成就举世瞩目,多年来成为"中国奇迹"最鲜明的标志。

今天,"中国共产党正以更加崭新的面貌展示自己。"叶海亚说。

透过十九大报告,外籍专家们清楚看到了这个世界最大执政党一系列新的气象和作为:

"中国共产党党纪之严出乎我的意料。"凤玲说,"中国过去几年在反腐斗争中的空前力度和成绩令世人瞩目。"

"一个强大的党目光长远非常重要,并且要有改变现状的愿望、深刻的变革。"福佩吉认为,中国在各个领域都发展得很好,如果没有中国共产党的强大领导,这些不可能实现。

与这位法文专家的判断相呼应的是,仅在刚刚过去的五年,中国密集推出的改革举措就超过 1500 项。十九大报告中，深化供给侧结构性改革、加快建设创新型国家、推动形成全面开放新格局等一系列具体部署，引起广泛期待。

"报告传递出的理念非常清晰，这是一个长期规划。表现出中国共产党和习近平都非常清楚中国需要什么，应该怎么做来实现目标。"西班牙文专家何力鸥说。

"十九大邀请外籍人士参与工作报告的翻译和核校，是一种高度自信的体现，也是中国共产党毫无隐瞒、公开透明态度的体现！"叶海亚说。

"向世界传递正能量"

共建"一带一路"倡议、发起创办亚洲基础设施投资银行、金砖国家领导人厦门会晤……中国近年来在国际舞台上的一系列表现如此耀眼。

作为一个国际影响力、感召力、塑造力不断提高的大国，十九大报告释放出的一连串重要信息被 9 名外籍专家准确捕捉：

——"明确告诉世界，中国将以何种方式继续前进以及中国将在哪些领域引领全球"；

——"推动构建人类命运共同体令人赞赏，显然，这不仅包括中国人的中国梦，也包括全世界人民对美好生活的向往"；

——"中国是一个和平的强国，不要霸权，想要自身的发展，同时帮助别国发展，这种正能量的传递非常重要"

……

习近平在报告中指出：中国共产党始终把为人类作出新的更大的贡献作为自己的使命；中国将高举和平、发展、合作、共赢的旗帜。他呼吁各国人民同心协力，建设持久和平、普遍安全、共同繁荣、开放包容、清洁美丽的世界。以文明交流超越文明隔阂、文明互鉴超越文明冲突、文明共存超越文明优越。

浓浓笔墨，尽显一个政党的责任和使命；铿锵宣示，传递的是一个大国的气度与担当。

福佩吉用自己的方式表达了对中国的祝福："根据十九大报告提到的第一个目标，我将看到中国全面建成小康社会。第二个目标是到本世纪中叶建成社会主义现代化强国，我的女儿现在两岁，我们都能够看到中国梦实现！"（新华社记者 黄全权 刘江 郝方甲 参与记者：李志晖、王建华、王丽丽、张正富、左为、于卫亚）

新华社北京10月18日电

三、铸就新时代中国特色社会主义新辉煌
——热烈祝贺中国共产党第十九次全国代表大会胜利闭幕

昂首奋进新时代，同心共筑中国梦。中国共产党第十九次全国代表大会圆满完成各项议程胜利闭幕。大会批准习近平同志代表十八届中央委员会所作的报告，审查、批准十八届中央纪律检查委员会工作报告，审议并一致通过《中国共产党章程（修正案）》，选举产生第十九届中央委员会和中央纪律检查委员会。这次大会吹响了决胜全面建成小康社会、夺取新时代中国特色社会主义伟大胜利的时代号角，是一次不忘初心、牢记使命、高举旗帜、团结奋进的大会，必将永载史册。

立时代之潮头，发思想之先声，汇奋进之力量。党的十九大报告高举中国特色社会主义伟大旗帜，紧紧围绕坚持和发展中国特色社会主义这条主线，全面总结党的十八大以来党和国家事业发生的历史性变革、取得的历史性成就，作出了中国特色社会主义进入新时代、我国社会主要矛盾发生转化的重大判断，深刻阐明习近平新时代中国特色社会主义思想，明确了新时代的基本方略、奋斗目标、战略安排和工作布局，是我们党在新时代坚持和发展中国特色社会主义的政治宣言和行动纲领，是闪耀着马克思主义真理光芒的纲领性文献。

历尽天华成此景，人间万事出艰辛。新时代，凝结着一代又一代人的艰苦奋斗，清晰标示出中国发展新的历史方位。进入新时代，最鲜明的历史坐标，就是中华民族迎来了从站起来、富起来到强起来的

伟大飞跃；最重大的历史性变化，就是我国社会主要矛盾已经转化为人民日益增长的美好生活需要和不平衡不充分的发展之间的矛盾。

使命引领未来，使命呼唤担当。把新时代中国特色社会主义推向前进，要求我们党适应社会主要矛盾变化，满足人民新期待，牢牢坚持党的基本路线这个党和国家的生命线、人民的幸福线，大力提升发展质量和效益，更好推动人的全面发展、社会全面进步；要求我们党付出更为艰巨的努力，进行伟大斗争、建设伟大工程、推进伟大事业、实现伟大梦想，在新时代中国特色社会主义的伟大实践中，更好地担当起实现中华民族伟大复兴的历史使命。

新时代催生新思想，新理论引领新实践。党的十九大的一个历史性贡献，就是把习近平新时代中国特色社会主义思想同马克思列宁主义、毛泽东思想、邓小平理论、"三个代表"重要思想、科学发展观一道，确立为党必须长期坚持的指导思想，实现了党的指导思想又一次与时俱进。时代是思想之母，实践是理论之源。以习近平同志为核心的党中央紧紧围绕新时代坚持和发展什么样的中国特色社会主义、怎样坚持和发展中国特色社会主义这个重大时代课题，紧密结合新的时代条件和实践要求，以全新的视野深化对共产党执政规律、社会主义建设规律、人类社会发展规律的认识，形成了习近平新时代中国特色社会主义思想。这一重要思想是马克思主义中国化最新成果，是党和人民实践经验和集体智慧的结晶，是中国特色社会主义理论体系的重要组成部分，是全党全国人民为实现中华民族伟大复兴而奋斗的行动指南。"任何真正的哲学都是自己时代精神的精华。"深刻把握习近平新时代中国特色社会主义思想的精神实质、丰富内涵和基本方略，以此武装全党、凝魂聚魄、凝心聚力，始终做到理论上清醒，政治上坚定，行动上坚决，是我们不断开辟中国特色社会主义新境界的根本动力。

新时代聚焦新目标，新征程开启新未来。党的十九大上承"三步走"战略目标，下启全面建设社会主义现代化国家新征程，既对全面建成小康社会作出新部署，又提出了从 2020 年到本世纪中叶分两步走全面建设社会主义现代化国家的新目标，明确了新时代中国特色社会主义发展的战略安排——从全面建成小康社会到基本实现现代化，再到全面建成社会主义现代化强国。宏伟蓝图书写雄心壮志，实现梦想重在真抓实干。咬定青山不放松，撸起袖子加油干，以坚忍不拔、锲而不舍的努力朝着新目标奋勇前进，我们必将谱写社会主义现代化新征程的壮丽篇章。

办好中国的事情，关键在党。这次大会选举产生了新一届中央委员会和中央纪律检查委员会。一批德才兼备、年富力强的领导干部进入中央委员会，再次说明我们党具有旺盛生命力和强大凝聚力，充分反映党和人民事业蓬勃兴旺。打铁必须自身硬，全面从严治党永远在路上。进入新时代，必须毫不动摇坚持和完善党的领导，毫不动摇把党建设得更加坚强有力，认真落实新时代党的建设总要求，推动全面从严治党向纵深发展，把党建设成为始终走在时代前列、人民衷心拥护、勇于自我革命、经得起各种风浪考验、朝气蓬勃的马克思主义执政党，为夺取新时代中国特色社会主义伟大胜利提供坚强政治保证。

中国共产党人的初心和使命，就是为中国人民谋幸福，为中华民族谋复兴。在新时代的历史进军中，唯有不忘初心、牢记使命，焕发新气象，展现新作为，才能创造无愧于时代和人民的新业绩。让我们更加紧密地团结在以习近平同志为核心的党中央周围，高举中国特色社会主义伟大旗帜，把思想和行动统一到党的十九大精神上来，把智慧和力量凝聚到落实党的十九大确定的目标任务上来，聚合 13 亿多中国人民的磅礴之力，为决胜全面建成小康社会、夺取新时代中国特色社会主义伟大胜利、实现中华民族伟大复兴的中国梦而不懈奋斗！

新华社北京 10 月 24 日电

> ★ 延伸阅读

十九大报告，为什么用了这57个"心"？

心，在人类的世界里，有着超越其文字本身的含义。人们往往用它来表达最纯粹、最真实的情感，表达我们内心最热切、最在意的期盼。

十九大报告中，共有57个"心"字。初心、同心、信心、关心、核心、心连心……我们看到的是，中国共产党对国家和民族坚定的信念，对全心全意为人民服务宗旨的坚守。

正如习近平曾所指出的，中国共产党人讲奉献，就要有一颗为党为人民矢志奋斗的心，有了这颗心，就会"痛并快乐着"，再怎么艰苦也是美的、再怎么付出也是甜的，就不会患得患失。

57个心如下

有些是带有心字的固有用法：

心连心

（1次）

全党同志一定要永远与人民同呼吸、共命运、心连心，永远把人民对美好生活的向往作为奋斗目标，以永不懈怠的精神状态和一往无前的奋斗姿态，继续朝着实现中华民族伟大复兴的宏伟目标奋勇前进。

衷心

（2次）

五年来的成就，是党中央坚强领导的结果，更是全党全国各族人民共同奋斗的结果。我代表中共中央，向全国各族人民，向各民主党派、各人民团体和各界爱国人士，向香港特别行政区同胞、澳门特别行政区同胞和台湾同胞以及广大侨胞,向关心和支持中国现代化建设的各国朋友,表示衷心的感谢!

把党建设成为始终走在时代前列、人民衷心拥护、勇于自我革命、经得起各种风浪考验、朝气蓬勃的马克思主义执政党。

心灵

（1次）

我们将推动两岸同胞共同弘扬中华文化,促进心灵契合。

民心

（1次）

中国坚持对外开放的基本国策,坚持打开国门搞建设,积极促进"一带一路"国际合作,努力实现政策沟通、设施联通、贸易畅通、资金融通、民心相通,打造国际合作新平台,增添共同发展新动力。加大对发展中国家特别是最不发达国家援助力度,促进缩小南北发展差距。

主心骨

（2次）

从此,中国人民谋求民族独立、人民解放和国家富强、人民幸福的斗争就有了主心骨,中国人民就从精神上由被动转为主动。

推进伟大工程,要结合伟大斗争、伟大事业、伟大梦想的实践来进行,确保党在世界形势深刻变化的历史进程中始终走在时代前列,在应对国内外各种风险和考验的历史进程中始终成为全国人民的主心骨,在坚持和发展中国特色社会主义的历史进程中始终成为坚强领导核心。

全心全意

（1次）

必须坚持人民主体地位,坚持立党为公、执政为民,践行全心全意为人民服务的根本宗旨,把党的群众路线贯彻到治国理政全部活动之中，把人民对美好生活的向往作为奋斗目标，依靠人民创造历史伟业。

放心

（1次）

实施食品安全战略，让人民吃得放心。

心理、心态、重心

（各1次）

加强社会心理服务体系建设，培育自尊自信、理性平和、积极向上的社会心态。加强社区治理体系建设，推动社会治理重心向基层下移，发挥社会组织作用，实现政府治理和社会调节、居民自治良性互动。

决心

（1次）

当前，反腐败斗争形势依然严峻复杂，巩固压倒性态势、夺取压倒性胜利的决心必须坚如磐石。

解读：虽然用法各不相同，但这些"心"字背后，有一点则是共同的，这是一个用心的报告，这是一个精心选择的词汇，更显示了我们党对相关工作的高度重视，对取得胜利的坚定信心。

与这些出现一到两次的"心"不同，还有一些"心"高频出现，更有着丰富的内涵。

初心

（6次）

在整个报告中，光"初心"这个词语，就出现了有6次之多。

大会的主题是：不忘初心，牢记使命，高举中国特色社会主义伟大旗帜，决胜全面建成小康社会，夺取新时代中国特色社会主义伟大胜利，为实现中华民族伟大复兴的中国梦不懈奋斗。

不忘初心，方得始终。中国共产党人的初心和使命，就是为中国人民谋幸福，为中华民族谋复兴。这个初心和使命是激励中国共产党人不断前进的根本动力。

九十六年来，为了实现中华民族伟大复兴的历史使命，无论是弱小还是强大，无论是顺境还是逆境，我们党都初心不改、矢志不渝，团结带领人民历经千难万险，付出巨大牺牲，敢于面对曲折，勇于修正错误，攻克了一个又一个看似不可攻克的难关，创造了一个又一个彪炳史册的人间奇迹。

弘扬马克思主义学风，推进"两学一做"学习教育常态化制度化，以县处级以上领导干部为重点，在全党开展"不忘初心、牢记使命"主题教育，用党的创新理论武装头脑，推动全党更加自觉地为实现新时代党的历史使命不懈奋斗。

解读：十九大的主题，就是要不忘初心，牢记使命；而中国共产党人的初心和使命，就是要为中国人民谋幸福。这是一个全心全意为人民服务的政党，永远将人民放在最高的位置，而且，县处级以上干部们，一个新的主题教育要开始了，那就是"不忘初心、牢记使命"，要永远勿忘人民！

人心

（3次）

在整个报告中，"人心"出现三次。

加强党对意识形态工作的领导，党的理论创新全面推进，马克思主义在意识形态领域的指导地位更加鲜明，中国特色社会主义和中国梦深入人心，社会主义核心价值观和中华优秀传统文化广泛弘扬，群众性精神文明创建活动扎实开展。

要加强理论武装，推动新时代中国特色社会主义思想深入人心。

一个政党，一个政权，其前途命运取决于人心向背。

解读：两次"深入人心"，一次"人心向背"，这既有我们党对领导地位的坚定自信，也有对执政基础的忧患意识。尤其是报告中的那句警告：一个政党，一个政权，其前途命运取决于人心向背。任何时候都不能忘却：水能载舟，亦能覆舟！

信心

（4次）

全党要坚定信心、奋发有为，让中国特色社会主义展现出更加强大的生命力！

同志们！今天，我们比历史上任何时期都更接近、更有信心和能力实现中华民族伟大复兴的目标。

同志们！中国特色社会主义政治制度是中国共产党和中国人民的伟大创造。我们完全有信心、有能力把我国社会主义民主政治的优势和特点充分发挥出来，为人类政治文明进步作出充满中国智慧的贡献！

我们有坚定的意志、充分的信心、足够的能力挫败任何形式的"台独"分裂图谋。

解读：信心满满，豪情满怀。尤其是"我们比历史上任何时期都更接近、更有信心和能力实现中华民族伟大复兴的目标"，让人振奋！

同心＋齐心

（4次＋2次）

这个新时代，是承前启后、继往开来、在新的历史条件下继续夺取中国特色社会主义伟大胜利的时代，是决胜全面建成小康社会、进而全面建设社会主义现代化强国的时代，是全国各族人民团结奋斗、不断创造美好生活、逐步实现全体人民共同富裕的时代，是全体中华儿女勠力同心、奋力实现中华民族伟大复兴中国梦的时代，是我国日益走近世界舞台中央、不断为人类作出更大贡献的时代。

我们要不负人民重托、无愧历史选择，在新时代中国特色社会主义的伟大实践中，以党的坚强领导和顽强奋斗，激励全体中华儿女不断奋进，凝聚起同心共筑中国梦的磅礴力量！

统一战线是党的事业取得胜利的重要法宝，必须长期坚持。要高举爱国主义、社会主义旗帜，牢牢把握大团结大联合的主题，坚持一致性和多样性统一，找到最大公约数，画出最大同心圆。

我们呼吁，各国人民同心协力，构建人类命运共同体，建设持久和平、普遍安全、共同繁荣、开放包容、清洁美丽的世界。

要支持特别行政区政府和行政长官依法施政、积极作为，团结带领香港、澳门各界人士齐心协力谋发展、促和谐，保障和改善民生，有序推进民主，维护社会稳定，履行维护国家主权、安全、发展利益的宪制责任。

全党一定要自觉维护党的团结统一，保持党同人民群众的血肉联系，巩固全国各族人民大团结，加强海内外中华儿女大团结，团结一切可以团结的力量，齐心协力走向中华民族伟大复兴的光明前景。

解读：人心齐，泰山移。有13亿同心齐心的同胞，还有什么事情干不成？

核心

（12次）

其中，7次提到"核心价值观或体系"。

如：

加强党对意识形态工作的领导，党的理论创新全面推进，马克思主义在意识形态领域的指导地位更加鲜明，中国特色社会主义和中国梦深入人心，社会主义核心价值观和中华优秀传统文化广泛弘扬，群众性精神文明创建活动扎实开展。

解读：核心价值观，如此高频的出现，正说明了我们党对文化的高度重视。正如报告所指出的：文化是一个国家、一个民族的灵魂。文化兴国运兴，文化强民族强。没有高度的文化自信，没有文化的繁荣兴盛，就没有中华民族伟大复兴。社会主义核心价值观，则是当代中国精神的集中体现，凝结着全体人民共同的价值追求。

另外，两次提到"核心意识"。

必须增强政治意识、大局意识、核心意识、看齐意识，自觉维护党中央权威和集中统一领导，自觉在思想上政治上行动上同党中央保持高度一致，完善坚持党的领导的体制机制，坚持稳中求进工作总基调，统筹推进"五位一体"总体布局，协调推进"四个全面"战略布局，提高党把方向、谋大局、定政策、促改革的能力和定力，确保党始终总揽全局、协调各方。

推动全党尊崇党章，增强政治意识、大局意识、核心意识、看齐意识，坚决维护党中央权威和集中统一领导，严明党的政治纪律和政治规矩，层层落实管党治党政治责任。

解读：世界格局正在深刻调整，国内格局正在深刻变革，需要有智慧、有担当的领导核心，这事关13亿多中国人民的福祉和利益。

此外，

……在坚持和发展中国特色社会主义的历史进程中始终成为坚强领导核心。

……完善以宪法为核心的中国特色社会主义法律体系……

树立科技是核心战斗力的思想……

解读：这三处"核心"，表述各有不同，但这种超越寻常定位的用词，凸显的是我们党的不可动摇的领导地位，对依法治国的坚定信念，以及对科技是第一生产力的高度重视。

中心

（6次）

深入贯彻以人民为中心的发展思想，一大批惠民举措落地实施，人民获得感显著增强。

全党要牢牢把握社会主义初级阶段这个基本国情，牢牢立足社会主义初级阶段这个最大实际，牢牢坚持党的基本路线这个党和国家的生命线、人民的幸福线，领导和团结全国各族人民，以经济建设为中心，坚持四项基本原则，坚持改革开放，自力更生，艰苦创业，为把我国建设成为富强民主文明和谐美丽的社会主义现代化强国而奋斗。

明确新时代我国社会主要矛盾是人民日益增长的美好生活需要和不平衡不充分的发展之间的矛盾，必须坚持以人民为中心的发展思想，不断促进人的全面发展、全体人民共同富裕。

坚持以人民为中心。

人民政协工作要聚焦党和国家中心任务，围绕团结和民主两大主题，把协商民主贯穿政治协商、民主监督、参政议政全过程，完善协商议政内容和形式，着力增进共识、促进团结。

社会主义文艺是人民的文艺，必须坚持以人民为中心的创作导向，在深入生活、扎根人民中进行无愧于时代的文艺创造。

解读：六次提到"中心"，其中四次是"以人民为中心"，意味深长，正如报告中所强调的，全党必须牢记，为什么人的问题，是检验一个政党、一个政权性质的试金石。必须始终把人民利益摆在至高无上的地位，让改革发展成果更多更公平惠及全体人民，朝着实现全体人民共同富裕不断迈进。

关心

（6次）

我代表中共中央，向全国各族人民，向各民主党派、各人民团体和各界爱国人士，向香港特别行政区同胞、澳门特别行政区同胞和台湾同胞以及广大侨胞，向关心和支持中国现代化建设的各国朋友，表示衷心的感谢！

保障和改善民生要抓住人民最关心最直接最现实的利益问题，既尽力而为，又量力而行，一件事情接着一件事情办，一年接着一年干。

我们要坚持把人民群众的小事当作自己的大事，从人民群众关心的事情做起，从让人民群众满意的事情做起，带领人民不断创造美好生活！

承认"九二共识"的历史事实，认同两岸同属一个中国，两岸双方就能开展对话，协商解决两岸同胞关心的问题，台湾任何政党和团体同大陆交往也不会存在障碍。

各级党组织要关心爱护基层干部，主动为他们排忧解难。

全党要关心和爱护青年，为他们实现人生出彩搭建舞台。

解读：六个关心，多个层次。既有表达感谢，感谢关心我们现代化建设的各国朋友；也有工作方法，关注人民群众关心的事情、两岸同胞关心的问题；还有基本的态度，要关心爱护基层百姓，要关心和爱护青年。正是这些真诚的关心，一次又一次赢得全场热烈的掌声。毫无疑问，这是一个用心的报告，这是一个必将载入史册的报告！（作者：刘洪 赵刚）

来源：新华网　2017年10月22日

第三章
在党的十九大精神指引下开启新征程

一、在党的十九大精神指引下开启新征程

——学习习近平总书记在中央政治局第一次集体学习时重要讲话

"学习宣传贯彻党的十九大精神是全党全国当前和今后一个时期的首要政治任务。"党的十九大刚刚闭幕,十九届中央政治局就深入学习贯彻党的十九大精神进行第一次集体学习,把学习贯彻党的十九大精神作为第一堂党课、第一堂政治必修课,为全党作出了示范。习近平总书记在主持学习时,提出了学懂、弄通、做实的明确要求,为学习贯彻党的十九大精神走深走实指明了方向。

在全面建成小康社会决胜阶段、中国特色社会主义进入新时代的关键时期召开的党的十九大,在政治上、理论上、实践上取得了一系列重大成果,就新时代坚持和发展中国特色社会主义的一系列重大理论和实践问题阐明了大政方针,就推进党和国家各方面工作制定了战略部署,是我们党在新时代开启新征程、续写新篇章的政治宣言和行动纲领。在新时代坚持和发展中国特色社会主义,要求全党来一个大学习,用党的十九大精神武装头脑、指导实践、推动工作。

学习贯彻党的十九大精神,要在学懂上下功夫。党的十九大提出了许多新理念、新论断,确定了许多新任务、新举措,贯彻落实好十九大精神,学懂是前提。"学而不思则罔,思而不学则殆。"做到真懂,关键是多思多想,认真研读党的十九大报告和党章,原原本本、原汁原味学习党的十九大精神,深刻领会其政治意义、历史意义、理论意

义、实践意义。要从理论和实践、历史和现实、当前和未来的结合上进行思考，把每一点都领会深、领会透；坚持马克思主义立场观点方法，从我国实际出发，遵循我国发展的逻辑，不断增强"四个自信"，做到理论上清醒，政治上坚定。

学习贯彻党的十九大精神，要在弄通上下功夫。党的十九大精神和习近平新时代中国特色社会主义思想是一个科学完整的思想理论体系，要把握其精神实质和丰富内涵，就要运用辩证思维和系统思维，联系地而不是孤立地、系统地而不是零散地、全部地而不是局部地来理解，不能就事论事，不能搞形式主义、实用主义。把学习贯彻党的十九大精神同学习马克思主义基本原理贯通起来，同把握党的十八大以来我们党进行伟大斗争、建设伟大工程、推进伟大事业、实现伟大梦想的实践贯通起来，同把握党的十九大作出的各项战略部署贯通起来，从而深刻认识各项战略部署的整体性、关联性、协同性，为全面做好各项工作夯实思想基础。

学习贯彻党的十九大精神，要在做实上下功夫。清谈误国、实干兴邦，一分部署、九分落实。现在，新时代的蓝图已经绘就，各项目标任务已经明确，关键是拿出实实在在的举措，一个时间节点一个时间节点往前推进，以钉钉子精神全面抓好落实。真抓实干，方方面面都有责任，都要担当。按照党中央就重大目标任务作出的顶层设计和全面部署，有关部门和有关方面应积极行动起来，明确各自职责和任务，找准工作方案，排出任务表、时间表、路线图，对做好工作提出明确要求，重点是质量要求。对党的十九大确定的目标任务，要分清轻重缓急，有计划有秩序加以推进。各地区各部门要牢固树立全国一盘棋思想，以贯彻党中央决策部署为前提，结合自身实际，发挥积极性、主动性、创造性，把党中央提出的战略部署转化为本地区本部门的工作任务，确保党中央确定的目标任务和战略部署顺利实现。

当前，全党全国上下正在深入学习宣传贯彻党的十九大精神。让我们在学习中深化认识、凝心聚力,在实干中攻坚克难、彰显担当,使党的十九大精神成为推动党和国家事业发展的强大思想武器,把党的十九大提出的各项目标任务落到实处,以新的气象、新的作为创造无愧于新时代的新业绩。

新华社北京 10 月 28 日电

二、开启新时代,踏上新征程

——十九大"党代表通道"传递的信息

这是一扇开放的窗口,60位党代表依次在这里亮相,让世人近距离了解中国执政党、观察党代表履职;

这是一道靓丽的风景,百米通道折射大会全新气象,展现了中国共产党人开放、自信的形象与气质。

24日,党的十九大胜利闭幕后,备受瞩目的"党代表通道"第三次迎来了21位党代表与媒体见面。结合自身的工作,他们向记者畅谈对十九大报告的体会和对美好未来的畅想。

新时代要有新担当

"作为党和国家培养的运动员和共产党员,我希望自己在未来新的岗位上继续不忘初心……带动身边的党员和群众,以永不言败的女排精神、体育精神共赴新征程、共圆中国梦。"作为中国女排前主力队员的魏秋月代表第一个回答记者提问,说出了众多代表的心声。

站在新的历史起点,开启新的伟大征程。代表们既信心满满,又深感责任重大。

"新时代要有新担当,作为科技工作者,我们要努力让尖端技术不仅服务于军队国防,而且服务于人民美好生活。"中北大学教授薛晨阳代表和他的科研团队研发的传感器等高科技产品,已广泛应用于长征系列火箭、载人航天、深空探测,在推向民用市场方面也取得很大进展。

"青年一代有理想、有本领、有担当,国家就有前途,民族就有希望。"担当国产航母设计任务的中国船舶重工集团公司第701研究所所长吴晓光代表告诉大家一个好消息:701所的设计师团队,平均年龄只有37岁,其中73%是共产党员。"在不远的将来,我们的舰船科技水平会走在世界舰船行业的前列。"他说。

外资企业如何发挥基层党组织战斗堡垒作用?对此,当了8年党委书记的毕马威华振会计师事务所上海分所杨洁代表有自己的思考。

她说,事务所现有400名党员,占员工总人数的四分之一,党员始终是企业的主心骨、领头羊。针对公司的党员大部分都是年轻人的特点,党组织的活动不断推陈出新,成立了党委图书馆、举办红色读书会、组织观看红色电影等,搞得有声有色,充满了正能量。

新时代要满足新期待

我国社会主要矛盾已经转化为人民日益增长的美好生活需要和不平衡不充分的发展之间的矛盾。这折射出人民群众对美好生活的新期待。

有记者问我国大学在人才培养方面该作出怎样的努力和改变,上海大学校长金东寒代表认为,满足人民日益增长的对于优质高等教育的期待,是当今中国大学的历史责任。

他说,建设教育强国是中华民族伟大复兴的基础工程,必须加快教育现代化,办好人民满意的教育。只要砥砺奋进,中国的一流大学一定会越来越多。

针对如何建立健康的医患关系,实现十九大报告提出的建立"优质高效的医疗卫生服务体系"的目标,中日友好医院院长王辰代表说,医患关系应该是人世间最温暖的关系。改变紧张的医患关系,需要全社会和医患双方一起努力。

京剧表演艺术家孟广禄代表说，近年来，大批文艺工作者扎根基层，越来越多文化惠民工程不断涌现，人民群众对中国传统文化的热爱和自信也显著增强。

"前几年，台下的观众大多是白头发，现在有好多大学生、青少年喜爱我们的京剧。"作为一名文艺工作者，孟广禄感受到文化的大发展大繁荣，文艺工作者更有前进的动力。

雾霾等环境污染问题百姓非常关注。来自中国科学院遥感所的邵芸代表说，遥感所从2011年开始监测雾霾，发现从2013年开始，PM2.5的下降速率是8%，说明治理取得了一定成效。

"十九大报告明确提出建设生态文明是中华民族永续发展的千年大计，充分体现了我们对子孙后代、对历史负责。十九大胜利闭幕了，新时代美丽中国建设的征程开启了，我们遥感人一定会做好蓝天绿水青山净土的守护者。"她说。

新时代呼唤新作为

方向已经明确，蓝图已经绘就，实现中华民族伟大复兴的梦想，中国共产党人准备付出更为艰巨、更为艰苦的努力。

"我做龙芯已经17个年头了，龙芯与国外同类产品在技术上还有很大差距，现在不仅要撸起袖子加油干，而且要耐着性子踏实干。相信等我们再干30年的时候，会有自己的技术平台，我国信息产业会迈向价值链的中高端。"中国科学院计算技术研究所研究员、龙芯CPU首席科学家胡伟武代表说。

"在强军路上，每一名官兵都是主角，我们有信心、有能力按照时间节点完成既定的目标和任务，为维护祖国的安全锻造一支能够随时使用、放心使用的长空利剑。"我国第六代女飞行员、空军一线部队指挥员刘文力代表说。

"政策好不好，要看乡亲们是哭还是笑。"习近平总书记2015

年6月来村里考察时所说的这句话,刻在了贵州省遵义市花茂村党总支书记潘克刚代表的心上。

"总书记就是要求我们基层干部到田间地头和老百姓唠家常,去了解老百姓对我们的工作是否满意。"潘克刚说,绝不会辜负总书记的嘱托,回去继续好好规划花茂村的发展。

"回去后,我要把十九大精神向周围人宣传好,带领姐妹们把生活过好,把花贴好,让国瓷更漂亮。"江西景德镇红叶陶瓷公司贴花工段工段长邱赛珍代表说。

"船的理想在帆上,人的力量在心上。十九大报告为我们未来的发展指明了方向,让我们更加有信心勇于拼搏,在国际市场上树立新时代中国工人的良好形象。"中国石油大庆油田中东分公司常务副经理李新民代表说。(新华社记者 齐中熙、安蓓、姜潇)

新华社北京10月24日电

三、凝心聚力，共赴伟大复兴新征程
——八个民主党派中央主席眼中的中共十九大

满载希望，中国巨轮正驶向民族复兴的方向。

同舟共济，多党合作诠释着信仰之光的力量。

过去的一周里，民革、民盟、民建、民进、农工党、致公党、九三学社、台盟等八个民主党派，高度关注中国共产党第十九次全国代表大会的召开。作为与中国共产党通力合作数十载的亲密友党，各民主党派中央主席纷纷表示，要自觉坚持和维护中国共产党的领导、坚持走中国特色社会主义道路的政治共识，在习近平新时代中国特色社会主义思想指导下，共同承担起"为人民谋幸福，为民族谋复兴"的历史使命。

矢志跟随　共迎新时代

"经过长期努力，中国特色社会主义进入了新时代，这是我国发展新的历史方位。"党的十九大开幕会上，习近平同志的声音在大会堂万人礼堂璀璨穹顶下久久回响。

开幕会当日，应邀列席的民建中央主席陈昌智难以抑制心中的激动——中共十九大阐明的方位、方向和方略，让他心中的许多思考有了答案。

却顾所来径，苍苍横翠微。

过去的5年，党和国家事业发生了翻天覆地的历史性变革、中国特色社会主义进入了新的发展阶段。全面深化改革、制定"十三五"规划、统筹推进"五位一体"总体布局、协调推进"四个全面"战略布局……

"党和国家事业发生着历史性改变、取得了历史性成绩，根本在于以习近平同志为核心的中共中央的坚强领导。"陈昌智说，"中国特色社会主义最本质的特征是中国共产党领导，中国特色社会主义制度的最大优势是中国共产党领导。"回望过去五年的历程，陈昌智由衷得出这样一个结论：在中国共产党的坚强领导下，决胜全面建成小康社会、全面建成社会主义现代化国家一定会实现！

进入新时代，国内外形势都在发生着新变化，也对我国各项事业的发展提出了新要求。

聆听报告时，民革中央主席万鄂湘格外振奋，"这是一篇闪耀着理论光辉，充满了实践品质的马克思主义经典文献，必将在新的历史阶段为党和国家事业发展起到重要的指导作用。"

每当历史来到一个关键节点，总要有思想的光芒指引方向。

习近平新时代中国特色社会主义思想，提出了一系列符合实际的重大战略举措，将成为迈进新时代、开启新征程、实现中华民族伟大复兴的行动指南。万鄂湘表示，中华民族的伟大复兴离不开中国共产党的领导，这是实践的选择、人民的选择，具有历史的必然性。

并肩携手　共赴新征程

新时代，标定历史方位，更是再度拔锚起航的地方。

中共十九大报告指出，从十九大到二十大，是"两个一百年"奋斗目标的历史交汇期。我们既要全面建成小康社会、实现第一个百年奋斗目标，又要乘势而上开启全面建设社会主义现代化国家新征程，向第二个百年奋斗目标进军。这让各民主党派中央主席振奋不已，纷纷表示，要带领民主党派成员撸起袖子加油干，奋力谱写社会主义现代化新征程的壮丽篇章。

民盟主要是由从事文化、教育以及科学技术工作的高、中级知识分子组成的。中共十九大报告提出"优先发展教育事业""推动社会主义文化繁荣兴盛""加快建设创新型国家",引起了民盟中央主席张宝文的特别关注。

"民盟将充分发挥界别优势,围绕加快教育现代化、推进高等教育内涵式发展,深化文化体制改革、完善文化经济政策,深化科技体制改革、加强国家创新体系建设等重大问题,深入调查研究,积极建言献策。"张宝文说。

他表示,民盟将通过参与政党协商、开展实地调研、举办论坛研讨会、开展脱贫攻坚民主监督等活动,积极出主意、想办法,做好事、做实事,发挥好民盟在社会主义协商民主中的重要作用,担负起新时代赋予中国特色社会主义参政党的历史责任。

创新是引领发展的第一动力。十九大报告提出要加快建设创新型国家。九三学社中央主席韩启德说,作为以科技界高、中级知识分子为主体的参政党,九三学社将教育引导全社各级组织和广大社员,充分发挥科技优势,围绕进一步深化科技体制改革,加强国家创新体系建设,推进关键共性技术、前沿引领技术、现代工程技术、颠覆性技术创新。

人才是创新的根基,是创新的核心要素。韩启德表示,九三学社将动员广大科技工作者敢于担当、扛起责任、追求原创,全身心投入科技创新,创造更多引领世界潮流的成果。同时大力营造自主探索、潜心钻研、包容友善的科研环境,为决胜全面建成小康社会,夺取新时代中国特色社会主义伟大胜利作出新的更大贡献。

以医药卫生、人口资源和生态环境领域高中级知识分子为主组成的农工党,将履职重点与届别特点相结合,关注保障和改善民生。

中共十九大提出,我国社会主要矛盾已经转化为人民日益增长的美好生活需要和不平衡不充分的发展之间的矛盾。在农工党中央主席陈竺看来，当前，人民群众对更高质量的健康服务和生态产品的需求日益增长，中共十九大提出的这一重大论断为农工党发挥作用，履职尽责，开辟了更加广阔的空间。

"农工党将把推进健康中国和美丽中国建设作为履行中国特色社会主义参政党职能的两条工作主线，致力于做健康中国的促进者，做美丽中国的推动者，助力实现中华民族永续发展。"陈竺的讲述满怀信心、充满干劲。

凝心聚力　共襄复兴梦

"实现中华民族伟大复兴是近代以来中华民族最伟大的梦想。"自成立伊始，中国共产党就将这一责任使命扛在自己肩上。

以知识分子为主体的民主党派，从诞生到发展，始终致力于争取民族独立和人民解放、实现国富民强的家国梦想。

相同的情怀，让他们与中国共产党同心同向。

列席中共十九大开幕会时，报告中关于"两岸同胞是命运与共的骨肉兄弟，是血浓于水的一家人"、"我们将扩大两岸经济文化交流合作，实现互利互惠，逐步为台湾同胞在大陆学习、创业、就业、生活提供与大陆同胞同等的待遇，增进台湾同胞福祉"的表述，让台盟中央主席林文漪尤为激动。

"这充分体现了中共中央对台湾同胞的尊重、理解和关心，对促进和发展两岸关系、实现祖国和平统一的善意和诚意，让我们深受感动，同时深感肩上责任的重大。"林文漪说，台盟是由居住在祖国大陆的台湾省人士组成的参政党。促进两岸关系和平发展，实现祖国和平统一，是台盟的优良传统和矢志不渝的奋斗目标。

"今年适逢台盟成立70周年，台盟将继承弘扬坚持中国共产党的领导、反对'台独'、爱国爱乡的优良传统，进一步深化两岸各领域交流交融，为巩固和发展两岸关系、实现祖国和平统一而不懈努力。"林文漪说。

中共十八大以来，以习近平同志为核心的中共中央坚持和完善中国共产党领导的多党合作和政治协商制度，坚定不移贯彻长期共存、互相监督、肝胆相照、荣辱与共的方针，加强同民主党派合作共事，谱写了多党合作事业发展的新篇章。

找到最大公约数，画出最大同心圆。

致公党充分发挥"侨""海"特色，汇聚侨智、发挥侨力、维护侨益，最大限度地把广大归侨、侨眷、留学人员和海外侨胞团结起来，汇聚海内外中华儿女共圆中国梦，这是"致力为公"的光荣传统，更是"侨海报国"的时代使命。

"致公党作为参政党，将更加紧密地团结在以习近平同志为核心的中共中央周围，把坚持和发展中国特色社会主义作为同中国共产党亲密合作的最大共识，不断巩固共同思想政治基础。"致公党中央主席万钢说。

道之所在，天下归之；德之所在，天下贵之。

民进中央主席严隽琪说，民进要全面领会和实践新时代中国特色社会主义思想，自觉与中共中央在政治立场、政治方向、政治原则、政治道路上保持高度一致；要把握社会主要矛盾的变化，明确履行职责的着力点；要以中共为师，全面加强自身建设。

多党合作近70年，初心不忘。肝胆相照、荣辱与共的历史，久经沉淀。在习近平新时代中国特色社会主义思想的指引下，各民主党派必将与中国共产党勠力同心，凝聚起共谋中华民族伟大复兴的磅礴力量。（新华社记者 荣启涵、崔静、姜潇）

新华社北京10月24日电

★ 延伸阅读

不忘初心、牢记使命、永远奋斗

——习近平总书记带领中共中央政治局常委瞻仰中共一大会址引起热烈反响

"只有不忘初心、牢记使命、永远奋斗,才能让中国共产党永远年轻。"

习近平总书记日前带领中共中央政治局常委,专程前往上海和浙江嘉兴,瞻仰上海中共一大会址和浙江嘉兴南湖红船,回顾建党历史,重温入党誓词,宣示新一届党中央领导集体的坚定政治信念,在广大党员干部群众中引起热烈反响。

大家纷纷表示,习近平总书记用深刻话语和实际行动,为广大党员干部作出表率,指引大家从党的光辉历史中汲取奋进的力量,在为党和人民事业不断作出贡献的同时书写好自己的人生篇章。

不忘初心:走得再远都不能忘记来时的路

上海兴业路76号,中共一大会址大门上的铜环熠熠生辉;纪念馆一层序厅,巨幅党旗如鲜血浸染。

日前,习近平总书记在这里带领中共中央政治局常委一起重温入党誓词,铿锵有力的宣誓声响彻大厅。

"总书记的领誓让人心潮澎湃,总书记的教诲更是振聋发聩。"纪念馆馆长张黎明说,"誓词中浸润着中国共产党人的理想信念。牢记誓词、不忘初心,坚守信仰、坚定理想,我们就能牢牢占据推动人类社会进步、实现人类美好理想的道义制高点。这是党中央的庄严承诺,也必将成为全党上下的自觉遵循。"

不能忘记为什么出发,也不能忘记走过的路。

2015年6月,习近平总书记到贵州考察,专程到遵义参观了遵义会议会址和遵义会议陈列馆。

"总书记说,要给大家好好讲,告诉大家我们党是怎么走过来的。"陈列馆管理所所长周苪竹回忆起2年前的情景依然十分激动,"我理解,总书记在瞻仰中共一大会址时强调不忘初心,就是要求我们不能忘记走过的艰难历程,遇到再大的困难,也要坚定信心、百折不挠,不畏艰难、永远向前。"

不忘初心,方得始终。

5年前,刚刚当选中共中央总书记的习近平,首次国内考察就来到改革开放的前沿深圳,向莲花山公园山顶伫立的邓小平铜像敬献花篮,传递出我们党为了国家发展和人民幸福勇于变革、勇于创新的不变初心。

5年来,深圳在保持经济稳健增长的同时,继续走在改革开放的最前沿。

从一片滩涂到高楼林立的创新高地,前海管理局副局长王锦侠谈起5年来"特区中的特区"前海的变化感慨万千:"事业无止境,奋斗永不止。我们共产党人就是要勇于变革、勇于创新,永不僵化、永不停滞。我们要按照总书记的要求,不断在这片创新的沃土上谱写出改革开放的新篇章。"

牢记使命:不断带领人民创造更加幸福美好的生活

穿越革命年代、建设时期,跋涉一段段改革历程,中国共产党领航中国迈入意气风发的新时代。

"这5年是幸福感最强的5年。"宁夏石嘴山市惠农区中街街道办事处主任王津从电视上看到习近平总书记带领中共中央政治局常委瞻仰中共一大会址的消息，对"其作始也简，其将毕也必巨"感触最深，"96年来，我们党团结带领人民取得了举世瞩目的伟大成就，这值得我们每个人骄傲和自豪。"

深秋时节，江西省吉安县沉浸在一片喜悦中。国务院扶贫办1日正式宣布，吉安县等26个国家级贫困县脱贫摘帽。

"脱贫摘帽只是万里长征第一步。"吉安县委书记李克坚说，"我们要向党中央看齐，牢记为中国人民谋幸福、为中华民族谋复兴的历史使命，不断带领人民创造更加幸福美好的生活。"

新的时代，呼唤新的担当。

辽宁鞍钢齐大山铁矿露天采场，53岁的修路工人高森山的安全帽在晨曦中闪耀着光辉。

"这些年企业收入稳中有升，不少职工买了楼房、开上了轿车。"高森山说，"十九大提出要解决发展不平衡不充分的问题，满足人民日益增长的美好生活需要，相信老百姓的日子一定会越过越好。"

习近平总书记带领中央政治局常委瞻仰中共一大会址，在全军和武警部队引起强烈反响。官兵们表示，不忘初心、牢记使命，对人民军队来讲，就是要传承红色基因、担当强军重任。

中部战区陆军某旅"杨根思连"连长王震说："建设一支听党指挥、能打胜仗、作风优良的人民军队，是实现'两个一百年'奋斗目标、实现中华民族伟大复兴的战略支撑。要更加注重聚焦实战，更加注重创新驱动，更加注重体系建设，更加注重集约高效，更加注重军民融合，实现党在新时代的强军目标。"

永远奋斗：在党的十九大精神指引下团结一心、苦干实干

党的十九大擘画了党和国家事业发展的宏伟蓝图，开启了一个崭新的时代。

面向未来，习近平总书记指出，全党同志必须坚持全心全意为人民服务的根本宗旨，不断带领人民创造更加幸福美好的生活；牢记共产主义远大理想，坚定中国特色社会主义共同理想，一步一个脚印向着美好未来和最高理想前进；始终保持谦虚谨慎、不骄不躁的作风，不畏艰难、不怕牺牲，为实现"两个一百年"奋斗目标、实现中华民族伟大复兴的中国梦而不懈奋斗。

"十九大胜利闭幕一周，总书记就带领中央政治局常委专程赴一大会址，从我们党诞生的地方寻找继续前进的精神动力。我们要从中体会党中央的深意，学习好、领会好十九大精神，把十九大提出的各项目标任务落到实处。"十九大代表、四川省蒲江县两河村党支部书记姚庆英连日来认真学习十九大报告，已写下14页心得体会。她表示，将以自己的亲身经历、切身感受宣传好党的十九大精神，在当地迅速兴起学习宣传贯彻的高潮。

不断加强党的建设，是中国共产党长盛不衰、枝繁叶茂的根本原因。

四川省雅安市坪阳村党支部书记王志伟说："总书记要求我们全心全意为人民服务，始终保持谦虚谨慎、不骄不躁的作风。作为一名基层党员，一定牢记党的宗旨，用诚心和爱心对待群众，带领村民过上更美好的生活。"

秀水泱泱，红船依旧；时代变迁，精神永恒。

"嘉兴南湖是我们党启航、凝聚、升华'红船精神'的地方。"南湖革命纪念馆馆长张宪义说，习近平总书记带领中央政治局常委来南湖瞻仰红船，再一次深刻阐述了"红船精神"——开天辟地、敢为人先的首创精神，坚定理想、百折不挠的奋斗精神，立党为公、忠诚为民的奉献精神，令广大党员深受教育。

"我们一定要结合时代特点大力弘扬'红船精神'，用每一位党员的不懈奋斗，让'红船精神'永放光芒。"张宪义说。

新华社北京11月1日电

第四章

实现中华民族伟大复兴的行动指南

一、实现中华民族伟大复兴的行动指南
——从党的十九大看习近平新时代中国特色社会主义思想

一种理论,唯有与时俱进,才能永葆生机。

一种思想,唯有引领时代,方显磅礴伟力。

当"新时代中国特色社会主义思想"出现在中共十九大的报告中,世界最大的发展中国家已经进入决胜全面建成小康社会、进而全面建设社会主义现代化国家的新时代。

当拥有8944万党员的世界第一大党不断推动实践基础上的理论创新,马克思主义闪耀的真理之光必将照亮民族伟大复兴的中国梦。

回答中国特色社会主义进入新时代的重大课题——解放思想、与时俱进,探索形成习近平新时代中国特色社会主义思想

金秋十月,一个收获硕果与孕育希望的季节。

党的十九大报告向世界宣告:五年来,我们党以巨大的政治勇气和强烈的责任担当,提出一系列新理念新思想新战略,出台一系列重大方针政策,推出一系列重大举措,推进一系列重大工作,解决了许多长期想解决而没有解决的难题,办成了许多过去想办而没有办成的大事,推动党和国家事业发生历史性变革。

"发生历史性变革的根本,就在于我们党的科学理论指引。"十九大代表、中央文献研究室主任冷溶说,党的十八大以来,以习近平同志为核心的党中央紧密结合新的时代条件和实践要求,进行艰辛理论探索，取得重大理论创新成果，形成了习近平新时代中国特色社会主义思想。

思想是时代的先声。十九大代表、中央党史研究室主任曲青山说："中国共产党领导中国革命建设改革的历史，就是一部把马克思列宁主义基本原理同中国实际相结合，不断推进马克思主义中国化、推进理论创新的历史。"

在中国共产党近百年的历史上，马克思主义与中国实际相结合的历史性飞跃，形成了毛泽东思想和包括邓小平理论、"三个代表"重要思想、科学发展观在内的中国特色社会主义理论体系，分别回答了中国为什么要革命、为谁革命、靠谁来革命等重大问题；什么是社会主义、怎样建设社会主义、建设什么样的党、怎样建设党、实现什么样的发展，怎样发展等问题。

"党的十八大以来，国内外形势变化和各项事业发展，又向中国共产党提出了坚持和发展什么样的中国特色社会主义以及怎样坚持和发展中国特色社会主义这一重大课题。"十九大代表、中国社科院院长王伟光说。

经过30多年的改革开放，十几亿人解决了温饱问题，在民主、法治、公平、正义、安全、环境等方面的要求日益增长；社会生产力水平显著提高，综合国力显著增强，发展不平衡不充分的问题更加突出；国际格局风云变幻，"中等收入陷阱"、"修昔底德陷阱"的内外困扰叠加出现……

面对这道复杂难解的方程式，以习近平同志为核心的党中央增强政治定力、坚定理论自信，以高远的历史站位、宽广的世界眼光，提出了一系列治国理政的新理念新思想新战略，写就了习近平新时代中国特色社会主义思想的崭新篇章。

——习近平新时代中国特色社会主义思想，用八个"明确"清晰阐明。

中国人民大学马克思主义学院教授齐鹏飞认为，新时代中国特色社会主义思想从世界观和方法论的高度，深刻回答了中国特色社会主义进入新时代后，中国共产党举什么旗、走什么路、以什么样的精神状态、担负什么样的历史使命、实现什么样的奋斗目标等一系列带有根本性的问题。无论在近百年的中国共产党发展史上，还是在近半个世纪的中国特色社会主义发展史上，都具有重要而深远的历史意义和现实意义。

——习近平新时代中国特色社会主义思想，用十四项基本方略进行具体谋划。

中央党校教授、马克思主义理论研究和建设工程课题组首席专家严书翰说："新时代中国特色社会主义思想的'8个明确'和14条基本方略，是习近平同志系列重要讲话精神和治国理政新理念新思想新战略的集大成，是各种经验性成果的集中展示。"

——习近平新时代中国特色社会主义思想，吸引着想要透过中国找寻未来方向的世界目光。

就在十九大召开之际，已在全球160多个国家和地区发行600多万册的《习近平谈治国理政》，又一次掀起了研读热潮。

长期专注中国研究的美国专家罗伯特·库恩说："这本书提出的国家治理不仅仅限于政治领域，而是囊括国家生活和民众、社会等全方位的执政方略，向全世界发出了清晰的政策宣示。"

——习近平新时代中国特色社会主义思想，代表着马克思主义中国化的最新成果。

党的十八大以来，我们党在迅速变化的时代和新的伟大斗争中，运用马克思主义基本原理不断推进理论创新，习近平新时代中国特色社会主义思想开辟了马克思主义中国化的新境界。比如，坚持新发展理念，展现了马克思主义政治经济学的理论光芒；坚持人与自然和谐共生，进一步丰富和发展了马克思主义生态观；坚持全面从严治党，进一步丰富和发展了马克思主义政党的建设理论。

十九大代表、广东省委党校常务副校长杨汉卿深感:"十九大报告的最大亮点就是提出了习近平新时代中国特色社会主义思想,这是我们党带领人民开创中国特色社会主义事业的重要里程碑,标志着马克思主义与中国实际相结合的历史性飞跃。"

为有源头活水来——习近平新时代中国特色社会主义思想从改革开放的伟大实践与人民群众的伟大创造中汲取智慧,推动治国理政不断取得新进展

"世界每时每刻都在发生变化,中国也每时每刻都在发生变化,我们必须在理论上跟上时代,不断认识规律,不断推进理论创新、实践创新、制度创新、文化创新以及其他各方面创新。"

十九大报告所阐释的,正是过去五年间,在习近平新时代中国特色社会主义思想指引下,中国大地发生的巨大变化。

著名中国问题专家马丁·雅克评价说:中国共产党有生命力和成功的原因,就是成功地把马克思主义本地化和中国化,使马克思主义符合中国的国情,而这一过程仍在继续。

当中国特色社会主义进入新时代,如何更好运用马克思主义观察时代、解读时代、引领时代?

以习近平同志为核心的党中央坚持解放思想、实事求是,与时俱进、求真务实,以马克思主义的基本原理联系实际,用不断创新的理论指导实践,交出了一份让人民满意、令世界惊艳的治国理政成绩单。

——"供给侧结构性改革"成为经济"新常态"下的大举措,全球第二大经济体扮演世界经济的"稳定之锚"。

——"改革开放只有进行时,没有完成时",1500多项改革举措挺进深水区、敢啃"硬骨头"。

——"'老虎''苍蝇'一起打"掀起史无前例的反腐风暴,形成"踏石留印、抓铁有痕"的"压倒性态势"。

——"小康路上一个都不能掉队"催动世界最大规模人口的脱贫攻坚,创造每小时1500人脱贫的人类纪录。

——"绿水青山就是金山银山"徐徐展开美丽中国壮阔画卷,"两个轮子一起转"全速发动创新驱动的新引擎。

——"实干兴邦、空谈误国"凝聚13亿人共同信念,社会主义核心价值观成为"最持久、最深层的力量"……

在世界惊叹的目光中,一系列具有开创性、全局性、长远性的理论与实践完美结合。

2017年,井冈山市、兰考县率先脱贫,中国贫困县实现了第一次数量上的减少。

从变"面上掌握"为"精准到人",从变"大水漫灌"为"精准滴灌",从变"固定受益"为"精准进退",中国共产党创新提出的精准扶贫政策,以每年减贫1300万人以上的成就,书写了人类反贫困斗争史上"最伟大的故事"。

十九大代表、井冈山市委书记刘洪说,没有我们党创新理论的指引,没有广大人民群众的顽强拼搏,就没有井冈山脱贫"摘帽"的伟大胜利。这也充分证明,科学的理论只要同实践结合、被人民掌握,就会散发出真理的光芒、产生无穷的力量。

中国正进行着人类历史上最为宏大而独特的理论和实践创新,越来越多的人正在成为这个进程的受益者。世界知名民意调查中心皮尤研究中心的调查结果显示,中国民众对中共和中国政府的满意程度,高于全世界其他政体下的大部分国家。

清华大学马克思主义学院教授戴木才说,从"人民对美好生活的向往,就是我们的奋斗目标"到"始终把人民放在心中最高的位置",从"坚持以人民为中心的发展思想"到"民心是最大的政治",以习近平同志为核心的党中央把为民理念转化为党的路线方针政策,融入执政目标、执政方略、执政方式等治国理政的要素之中。

五年前，习近平在履新之初曾说："人民群众是我们力量的源泉。"

党的十八大以来，他走遍全国集中连片特困地区，实地调研脱贫攻坚；走进厂矿、企业、科研基地，详细了解改革瓶颈；走访农家、社区、养老院，耐心询问民生关切；深入边关哨所、连队营房、军事演习的前沿阵地，发出强军兴军号令……

从人民群众的火热实践中汲取治国理政的智慧与经验，用朴素平实的语言阐明观点和理论，在万众一心的美好期盼中凝聚开创未来的决心与信心。

在广州琶洲互联网创新聚集区，市值超过3万亿元的互联网标杆企业纷纷入驻，共同打造全球互联网产业创新创业优选地；

在云南瑞丽国家开发开放试验区，公路、铁路与"空中走廊"建设快马加鞭，这个"面向南亚东南亚的通道枢纽"正在"一带一路"建设中成为中国西部开发的前沿地带……

中央党校校委委员、副教育长韩庆祥说："习近平新时代中国特色社会主义思想形成了围绕时代之问、聚焦当下实践的理论体系，这是对改革开放以来中国特色社会主义伟大实践的系统总结，是党和人民实践经验和集体智慧的璀璨结晶，为发展21世纪马克思主义做出了原创性贡献。"

实现中华民族伟大复兴的行动指南——全面贯彻党的基本理论、基本路线、基本方略，决胜全面建成小康社会，夺取新时代中国特色社会主义伟大胜利

作为首批应邀参与中共十九大报告核稿、润色的外籍专家，60岁的阿拉伯文专家叶海亚对"新时代"的提法印象深刻："这是对中国新的历史定位，将促进中国更快实现全面现代化，同时也为世界上其他希望加快发展的国家提供了中国智慧。"

新的历史方位，新的历史考验。

十九大报告深刻指出，我国社会主要矛盾已经转化为人民日益增长的美好生活需要和不平衡不充分的发展之间的矛盾。

"变的是'主要矛盾'，不变的是社会主义初级阶段依然是我们的'最大实际'与'最大国情'。"清华大学国情研究院院长胡鞍钢指出，在中国特色社会主义进入新时代后，这些"变"与"不变"进一步考验着党的执政能力和治国理政水平。

经济总量"蛋糕"做大，人口基数大、人均资源占有量少的矛盾仍然突出；绿色发展步入常态，生态基础薄弱、环境质量约束的短板依旧显著；地区发展差距、城乡收入差距持续缩小后，贫困人口与低保人群的公共服务仍显不足……中国共产党领航的"中国号"面前，有开阔水域，也有急流险滩；有江河归海，也有乱云飞渡。

习近平新时代中国特色社会主义思想为党和人民在新的历史阶段提供了有力的思想武器和行动指南。

"只有创新的理论才能发挥党的创造力，才能既不会因墨守成规而裹足不前，也不会因迷失方向而走上邪路。"中国人民大学教授陈先达说。

新的历史方位，新的奋斗目标。

建设现代经济体系，健全人民当家做主制度体系，推动社会主义文化繁荣兴盛，提高保障和改善民生水平，建设美丽中国，建成世界一流军队……十九大报告擘画的社会主义现代化强国建设路径，"富强、民主、文明、和谐"与"美丽"格外亮眼。

"第一个百年目标实现之日，就是第二个百年目标开始之时。"国防大学马克思主义研究所研究员颜晓峰说，这一历史阶段，是第一个百年目标冲刺阶段与第二个百年目标起跑阶段的衔接过渡期，是第一个百年目标收好官与第二个百年目标开好局的双重任务期，是制度更加成熟定型、发展更有品质、治理更有水准、人民更有获得感的提高跃升期。

新的历史方位,新的战略安排。

蓝图分两步,明确了建成社会主义现代化强国的时间表:第一个阶段,从2020年到2035年,基本实现社会主义现代化;第二个阶段,2035年到本世纪中叶,建成富强民主文明和谐美丽的社会主义现代化强国。

此时,距离邓小平在党的十三大上提出实现现代化"三步走"战略正好整整30年。

一代又一代中国共产党人承前启后,一棒接一棒地为中国现代化而奋斗。

十九大代表、南京大学党委书记张异宾说:"经过30多年的改革创新,我们党有充分底气把基本实现现代化的目标提前15年,并且充满信心地提出了新的2050年目标。这充分说明我们党的思想、理论、战略是经得起时代检验的,是符合中国特色社会主义建设规律的,是对国家和人民高度负责的。"

新的历史方位,新的时代使命。

从党的十二大提出"建设有中国特色的社会主义"到十三大提出"三步走"战略,从党的十五大提出"两个一百年"目标到十六大、十七大、十八大对全面小康的目标不断做出新设计、新要求,马克思主义在社会主义中国的广阔土壤中,不断创造着伟大奇迹。

今天,站在"两个一百年"的历史交汇点,十九大报告中阐释了新时代中国共产党的历史使命:进行伟大斗争,建设伟大工程,推进伟大事业,实现中华民族复兴的伟大梦想。

回顾社会主义运动的兴衰起伏,总结中国改革开放的经验得失,习近平同志鲜明提出"确保党在世界形势深刻变化的历史进程中始终走在时代前列,在应对国内外各种风险和考验的历史进程中始终成为全国人民的主心骨,在坚持和发展中国特色社会主义的历史进程中始终成为坚强领导核心"。

十九大代表、春江集团党委书记裴春亮说:"中华民族伟大复兴,绝不是轻轻松松、敲锣打鼓就能实现的。在习近平新时代中国特色社会主义思想的指引下,我们党对共产党执政规律、社会主义建设规律、人类社会发展规律的认识正在进一步深化,实现民族伟大复兴的任务书、路线图更加清晰。我们一定要坚定信心,奋发有为,让中国特色社会主义展现出更加强大的生命力!"

大道之行,天下为公。

《共产党宣言》发表以来近一百七十年的实践证明,马克思主义只有与本国国情相结合、与时代发展同进步、与人民群众共命运,才能焕发出强大的生命力、创造力、感召力。

"唯创新者进、唯创新者强、唯创新者胜。"十九大代表、国家超算天津中心党支部书记孟祥飞说:"96年来,我们党之所以能引领全国人民从一个胜利走向另一个胜利,关键在于始终能够用理论联系实际、用理论指导实践。在习近平新时代中国特色社会主义思想的正确引领下,我们国家必将迎来新的腾飞、实现新的跨越!"(记者吴晶、刘雅鸣、叶前、姜潇、黄小希)

二、不忘初心的历史担当
——以习近平同志为核心的党中央治国理政品格之二

"中国共产党人的初心和使命,就是为中国人民谋幸福,为中华民族谋复兴。"在党的十九大报告中,习近平同志开宗明义,指明中国共产党人的历史担当。进入新时代,明确新使命,阐明新思想,提出新方略,擘画新蓝图,开启新征程……3万多字的报告,有力书写了当代中国共产党人承前启后、继往开来,夺取中国特色社会主义伟大胜利的使命担当。

有一种使命叫民族复兴,有一种责任叫领航中国。治理一个有着13亿多人口的发展中大国,领航者肩负着无比重大的责任。

这个重大责任,正如习近平同志指出的,是对民族的责任、对人民的责任、对党的责任。回望5年来治国理政历程,实践的回答令人信服——以习近平同志为核心的党中央以巨大的政治勇气和强烈的责任担当,奋力开创了党和国家事业新局面,显著增强了人民的获得感。

"今收到习近平等三人伙食费合计玖拾元整。梁玉明。"在"砥砺奋进的五年"大型成就展上,一张午餐费用收条令很多人印象深刻。近年来,践行八项规定,改进工作作风,习近平总书记始终从自己做起,彰显了以身作则、以上率下的担当。

全面深化改革,习近平总书记既挂帅又出征,亲力亲为谋划指导改革,大刀阔斧推动改革取得重大突破,诠释了"看准了的事情,就要拿出政治勇气来,坚定不移干"的改革担当。

推进全面从严治党,坚持零容忍态度,有腐必惩、有贪必肃,体现"得罪千百人,不负十三亿"的管党治党担当……

"解决了许多长期想解决而没有解决的难题,办成了许多过去想办而没有办成的大事",十九大报告的总结,道出了人们的心声。大事难事看担当。没有铁一般的担当,就不会有5年来的历史性变革和历史性成就。读懂了这份担当,才能更好理解以习近平同志为核心的党中央治国理政的理念与品格。

学习习近平总书记系列重要讲话,人们发现,"担当"是一个高频词。"敢于担当责任,勇于直面矛盾""有权必有责、有责要担当""挑最重的担子、啃最硬的骨头"……掷地有声的"金句",汇成一句话,就是一以贯之的执政理念——为人民服务,担当起该担当的责任。

这是为党、为国、为民的大担当。"不是没有掂量过。但我们认准了党的宗旨使命,认准了人民的期待""人民把权力交给我们,我们就必须以身许党许国、报党报国"。正是怀着"为之于未有,治之于未乱"的使命忧患感,正是以党和国家利益为重、以人民群众美好生活为念,才会有这份使命担当,这种毅然决然。一心为公、心系人民,是共产党人挺起肩膀、敢于担当的思想基石。

这是不畏艰险、一往无前的大气魄。5年来,中国走过的道路并不平坦,在攻坚克难中开拓进取,构成了党中央治国理政的鲜明脉络。在大是大非问题上敢于亮剑,在深化改革中敢于啃硬骨头,在全面从严治党中动真碰硬,在维护国家核心利益上敢于斗争……以习近平同志为核心的党中央以"明知山有虎,偏向虎山行"的勇气、"不破楼兰终不还"的决心,以直面问题、破解难题的担当,带领党和人民战风险、渡险滩、打硬仗,奋力把中国特色社会主义推向新时代。

使命呼唤担当,担当开创未来。进入新时代,进行伟大斗争、建设伟大工程、推进伟大事业、实现伟大梦想,凸显了当代中国共产党人的使命担当。在以习近平同志为核心的党中央坚强领导下,

8900多万党员不忘初心,牢记使命,在担当中砥砺共产党人的政治品格,就没有过不去的坎,就必定能创造无愧于历史和人民的新辉煌。

(辛识平)

新华社北京10月19日电

三、从"三步走"到"两步走",我们这样走过……

不积跬步,无以至千里。十九大报告首次提出,在全面建成小康社会的基础上,分两步走在本世纪中叶建成富强民主文明和谐美丽的社会主义现代化强国。从"三步走"到"两步走",改变的是提速增效,不变的是民心所向。从三步走到两步走,我们和伟大的祖国一起走过。

想想想!"美好生活"会是啥样?

1987年,我们党对我国社会主义现代化建设作出战略安排,提出"三步走"战略目标:

第一步,实现国民生产总值比1980年翻一番,解决人民的温饱问题。这个任务已经基本实现。第二步,到20世纪末,使国民生产总值再增长一倍,人民生活达到小康水平。第三步,到21世纪中叶,人均国民生产总值达到中等发达国家水平,人民生活比较富裕,基本实现现代化。

30年过去了,解决人民温饱问题、人民生活总体上达到小康水平这两个目标已提前实现,"第三步"也且行且近。

在这个基础上如何继续前进?

十九大报告提出,在全面建成小康社会的基础上,分两步走:从2020年到2035年,基本实现社会主义现代化;从2035年到本世纪中叶,把我国建成富强民主文明和谐美丽的社会主义现代化强国。

在普通民众的心中,未来30年,我们生活"美"成啥样?

【更炫酷】更多"中国创造"将冲在世界科技最前沿。越来越多的网民在兴致勃勃地猜测,高铁、移动支付、共享单车、网购"新四大发明"之后,下一组"新四大发明"是什么?有科技人员人为:从追随到引领,未来,我们前进的每一步,可能都是世界的第一步。

【更自在】当科技深度支撑生活,大家的脑洞也可以无限大。"上午在家打理果园,下午在北京看球赛,晚上就可以在欧洲喝咖啡。"当高铁、高速公路四通八达,当绿水青山真正成为金山银山,想去哪儿真的能够"说走就走"。

【更幸福】不再拥堵、不再奔波、不再怕老、不再愁钱,30年后"天下无贫",当物质文明、政治文明、精神文明、社会文明、生态文明全面提升,人们期待可以甩掉困扰当代人的各种烦恼,迎来自我价值实充分现的黄金时代。

变变变!30年我们曾走过

1987—2017,30年,我们国家一步一个脚印,把许多"小目标"逐一收入囊中。

【筋骨更硬了】经济蓬勃发展,国内生产总值从1987年的约1.1万亿元增长到80万亿元,稳居世界第二,对世界经济增长贡献率超过30%。开放型经济新体制逐步健全,对外贸易、对外投资、外汇储备稳居世界前列。核心竞争力强了,天宫、蛟龙、天眼、悟空、墨子、大飞机等重大科技成果相继问世。

【底气更足了】在强劲筋骨的同时,以全面深化改革努力打通民族复兴的"任督二脉",坚决破除各方面体制机制弊端。仅在过去5年就推出了1500多项改革举措,重要领域和关键环节改革取得突破性进展,主要领域改革主体框架基本确立。

【内在更实了】祖国的发展变化,最终体现在人民群众的获得感上。钱包鼓起来了,全国居民人均可支配收入2016年达到23821元。

居住条件和生活环境显著改善，祖辈们向往的"楼上楼下、电灯电话"的"小目标"已经基本实现。彩电、冰箱、洗衣机、空调等"四大件"变成了手机、电脑、汽车、房子。虽然还有这样那样的期待，但变化有目共睹、感同身受。

来来来！未来 30 年我们埋头苦干

没办法，"小目标"根本停不下来！从现在到 2020 年，是全面建成小康社会决胜期。然后，我们将开启 30 年的"两步走"战略，实现"强国梦"。听大家怎么说：

【扑下身子埋头苦干】"小康路上不让一个人掉队！"一些贫困地区干部说，他们将精准精准、再精准，针对致贫原因"对症下药"，把产业扶贫入户，联合金融扶贫、社会扶贫、健康脱贫等，注重扶贫同扶志、扶智相结合，制定防止返贫措施，坚决打赢脱贫攻坚战。

【撸起袖子加油干】"农产品一定要吃得健康！"安徽省小岗村种粮大户程夕兵说，他将坚持适度规模经营，与科研院所合作，在生态农业上下功夫，同时运用物联网、无人机等，完善从种植、收获、加工到餐桌的产业链，把品牌农业做大做强，满足人民的美好生活需要。

【甩开膀子入心干】"安全与服务一个都不能少！"十九大代表、上海铁路局合肥站党委书记李昌勤说，他们将把人防、物防、技防有机结合，强化安全保障体系，建立突发应急处理机制，确保绝对安全；同时以旅客需求为出发点，不断创新服务理念和方法，做好智能服务、温馨服务、便民服务。

【迈开步子奋力干】"要走就走在全球最前沿！"国家"千人计划"人才、四川省成都高新减灾研究所所长王暾说，他将用好科学方法和创新平台，确保科研成果能够保持全国、全球领先。"我想，未来地震发生前，更多老百姓能够提前收到警报，能把各种灾害防范工作做得更好，这就是我们该去做的事情。"

行百里者半九十。中华民族伟大复兴，绝不是轻轻松松、敲锣打鼓就能实现的。我们要像石榴籽一样紧紧抱在一起，齐心协力进行伟大斗争、建设伟大工程、推进伟大事业，实现伟大梦想，齐心协力走向中华民族伟大复兴的光辉彼岸！（新华社"中国网事"记者　叶含勇　姜刚　滕军伟）

新华社北京 10 月 22 日电

★ 延伸阅读

习近平连任总书记后首次讲话传递哪些信息？

【学习进行时】中国特色社会主义进入新时代，中国共产党选举产生出新一届中央领导机构。10月25日，在十九届中央政治局常委同中外记者见面时，习近平总书记发表重要讲话。新华社《学习进行时》原创品牌栏目"讲习所"今天推出文章，为您解读。

2017年10月25日，党的十九届一中全会选举产生了新一届中央领导机构，习近平同志继续担任中共中央委员会总书记。

11时54分，习近平率领其他六位常委步入人民大会堂东大厅，同中外记者见面。

中国特色社会主义进入新时代，新一届中共中央领导集体将带来怎样的新气象和新作为？

在密集的快门声中，习近平信步走上讲台，面向新时代，作出响亮回答。

再次当选总书记 16个字表达担当

"全会选举我继续担任中共中央委员会总书记。这是对我的肯定，更是鞭策和激励。"见面会上，习近平向中外记者表达了再次当选中共中央总书记的感受。

5年前，刚刚履新中共中央总书记的习近平表示，一定要夙夜在公，勤勉工作，努力向历史、向人民交出一份合格的答卷。

5年来，久久为功，这份答卷记录了1500多项改革举措的酝酿出台，5000多万贫困人口的脱贫历程，6万多名县处级以上"老虎""苍蝇"的查处……书写了团结带领13亿多中国人民为民族复兴不懈奋斗的壮阔历程。

10月24日，出席十九大闭幕会的2300多名代表和特邀代表一致通过决议，将习近平新时代中国特色社会主义思想正式写入中国共产党章程，全场响起长时间的热烈掌声。

选举习近平继续担任总书记，这是党心所向，民心所向，更是未来所冀，信任重托。

面对中外记者，习近平坚定地说了16个字："恪尽职守、勤勉工作、不辱使命、不负重托"。

事业任重道远，责任重于泰山。16个字概括起来就是"担当"。

"恪尽职守、勤勉工作"，表明习近平继续用实干托举"中国梦"的坚定决心。"不辱使命、不负重托"，这也是习近平继续担当起对民族的责任、对人民的责任、对党的责任的坚定宣示。

明确工作坐标 4个方面界定"新作为"

这次讲话，习近平梳理了从2018年到2021年，改革开放40周年、中华人民共和国成立70周年、全面建成小康社会和中国共产党成立100周年4个重要时间节点，指出这些重要时间节点，"是我们工作的坐标"。

习近平点明这4个重要时间节点，实际是强调了4个方面的重要工作，即推进改革开放、推动经济持续健康发展、脱贫攻坚和全面从严治党。

今后5年，中国正处在实现"两个一百年"奋斗目标的历史交汇期，不仅已订的各项规划要圆满收官，更要为十九大提出的更长远目标打牢基础、开创新局。

四个方面工作不仅是事关全面建成小康社会成败的根本性环节，更关乎国家和民族未来的荣辱兴衰。以这4个时间节点为坐标，等于抓住了"两个一百年"奋斗目标承上启下的关键。

习近平说，新时代要有新作为。新作为就是要沿着确定的方向继续推进各项工作，并不断拓展深度和广度，为第一个百年目标收好尾，为第二个百年奋斗目标开好篇。

讲到改革开放，习近平提出要"继续推进国家治理体系和治理能力现代化"；讲到经济发展，习近平强调还要"对未来发展作出新的规划"；讲到脱贫攻坚，习近平指出还要"不断推进全体人民共同富裕"；讲到全面从严治党，习近平强调"将继续清除一切侵蚀党的健康肌体的病毒"。

谈及这些工作，习近平不仅明确了任务、目标，更描绘了未来的一幅幅愿景：

"我坚信，中华民族伟大复兴必将在改革开放的进程中得以实现。"

"把我们的人民共和国建设得更加繁荣富强。"

"我坚信，中国人民生活一定会一年更比一年好。"

"中国共产党立志于中华民族千秋伟业，百年恰是风华正茂！"

……

面对中外记者的镜头，铿锵的话语显示了坚定信心，更传递了必胜信念。

一切为了人民 共产党人永远牢记使命

"历史是人民书写的，一切成就归功于人民。只要我们深深扎根人民、紧紧依靠人民，就可以获得无穷的力量，风雨无阻，奋勇向前。"

在讲话中，习近平再次强调了人民的力量。"风雨同舟、生死与共"，习近平曾用这8个字指出了党和人民的命运联系。

在十九大报告中，习近平开宗明义地强调，中国共产党人的初心和使命，就是为中国人民谋幸福，为中华民族谋复兴。

不忘初心，方得始终。习近平强调"深深扎根人民、紧紧依靠人民"，就是要确保党始终同人民想在一起、干在一起，永远以人民对美好生活的向往为奋斗目标。

1974年，21岁的习近平正担任生产大队党支部书记，"让乡亲们饱餐一顿肉，并且经常吃上肉"是他最大的愿望。

1982年，29岁的习近平正担任县委副书记，"政策好不好要看乡亲们是哭还是笑"的标准让他一直铭刻在心。

1990年，37岁的习近平正担任市委书记，"为官一任，造福一方，遂了平生意"的词句直抒了他的胸臆。

2012年，59岁的习近平当选十八届中共中央总书记，"人民对美好生活的向往，就是我们的奋斗目标"响彻中国大地。

2017年，再次当选中共中央总书记，习近平庄严宣告："我们要永葆蓬勃朝气，永远做人民公仆、时代先锋、民族脊梁。"

40多年风雨兼程，共产党人的"初心"从未改变。

"全党同志一定要永远与人民同呼吸、共命运、心连心，永远把人民对美好生活的向往作为奋斗目标，以永不懈怠的精神状态和一往无前的奋斗姿态，继续朝着实现中华民族伟大复兴的宏伟目标奋勇前进。"十九大报告中着重强调的"永远"二字，昭示的不仅是共产党人的初心永在，更是我们这个世界上最大政党"完全""彻底"为人民，勇于变革、勇于创新、永不僵化、永不停滞的时代宣言。

（新华网记者 王子晖）

第五章
领航新时代的坚强领导集体

一、领航新时代的坚强领导集体
——党的新一届中央领导机构产生纪实

在决胜全面建成小康社会、夺取新时代中国特色社会主义伟大胜利的征程上,这一刻无疑具有标志性的历史意义——

2017年10月25日上午,北京人民大会堂。

党的十九届一中全会选举产生了25人组成的十九届中央政治局,选举习近平、李克强、栗战书、汪洋、王沪宁、赵乐际、韩正为中央政治局常委,选举习近平为中央委员会总书记;通过了中央书记处成员;决定了中央军事委员会组成人员;批准了十九届中央纪委一次全会选举产生的领导机构。

这是8900多万名党员的领路人,这是13亿多人民的主心骨。

不忘初心,继续前进!以习近平同志为核心的新一届党中央领航中国,扬帆再出发。

万山磅礴看主峰——在强国强军新征程上,在民族复兴关键当口,确立习近平总书记为党中央和全党的核心,确立习近平新时代中国特色社会主义思想为党的指导思想,是党心所向、民心所向

一个波澜壮阔的年代,必定会有激荡人心的时刻。

一年前的金秋北京,党的十八届六中全会确立了习近平总书记在党中央和全党的核心地位,人民大会堂雷鸣般的掌声音犹在耳。

这是全党同志发自内心的崇敬爱戴,这是亿万人民追求梦想的情感认同。

党的十八大以来，以习近平同志为核心的党中央迎难而上，开拓进取，取得了改革开放和社会主义现代化建设的历史性成就，推动党和国家事业发生了历史性变革：

经济建设取得重大成就，全面深化改革取得重大突破，民主法治建设迈出重大步伐，思想文化建设取得重大进展，人民生活不断改善，生态文明建设成效显著，强军兴军开创新局面，港澳台工作取得新进展，全方位外交布局深入展开，全面从严治党成效卓著……

5年来的成就是全方位的、开创性的，5年来的变革是深层次的、根本性的。中国特色社会主义进入了新时代。

新的实践孕育着新的思想。在坚持马克思主义基本原理的基础上，以习近平同志为核心的党中央，创造性地坚持和发展了科学社会主义，开辟了21世纪中国马克思主义发展的新境界，创立了习近平新时代中国特色社会主义思想。

办大事、解难题，挽狂澜、开新局。

进行伟大斗争、建设伟大工程、推进伟大事业、实现伟大梦想，一系列伟大实践和理论创新，倾注着中国共产党人的理想信念和人民情怀，彰显着党中央的政治勇气和责任担当，展现着习近平总书记的雄才伟略和领袖风范。习近平总书记励精图治、力挽狂澜，统筹内政外交国防，统领治党治国治军，为党和国家长治久安不畏艰险、殚精竭虑，赢得了党心、军心、民心，是新时代中国共产党当之无愧的坚强核心。

在选举党的十九大代表时，习近平同志全票当选。在选举十九届中央委员会委员时，习近平同志全票当选。在十九届一中全会选举新一届中央领导集体时，习近平同志再次全票当选中央委员会总书记。雷鸣般的掌声一次次响起，经久不息……

一张张选票代表党心民意、一次次掌声传递信任期望——有习近平总书记这个党的核心、军队统帅、人民领袖，是党之大幸、军之大幸、民之大幸！是实现"两个一百年"奋斗目标、实现中华民族伟大复兴的中国梦、实现人民对美好生活的向往的希望所在、力量所在、胜利所在！

以党的十九大胜利召开为标志，中国步入"两个一百年"奋斗目标的历史交汇期——

到2020年，既要全面建成小康社会、实现第一个百年奋斗目标，又要乘势而上开启全面建设社会主义现代化国家新征程，向第二个百年奋斗目标进军。

与此同时，国内外形势正在发生深刻复杂变化，我国发展仍处于重要战略机遇期，前景十分光明，挑战也十分严峻。迎难而上，进行具有许多新的历史特点的伟大斗争，走好新时代的长征路，党的领导至关重要，领导核心尤为重要。

沧海横流显砥柱，万山磅礴看主峰。

在这个承前启后的关键时期，全党全军全国各族人民都有一个共同期盼，就是希望选出一个好的中央领导集体，在习近平总书记领导下，持续巩固成果、攻坚克难、奋勇向前，谱写社会主义现代化新征程的壮丽篇章。

千秋伟业聚英才——着眼于党的事业继往开来和国家长治久兴，以习近平同志为核心的党中央统筹谋划新一届中央领导机构人选酝酿提名工作

千秋大业，关键在人。治国之要，首在用人。

新的时代，呼唤新的坚强领导集体。

如何产生以习近平总书记为核心的新一届中央领导集体，领航中国继往开来，全党期待，全民关注，世界瞩目。

党章规定，党的中央政治局、中央政治局常务委员会和中央委员会总书记,由中央委员会全体会议选举。

根据这一规定,党的十九大要选举产生新一届中央委员会,十九届一中全会要选举产生新一届中央领导机构。

对此,党中央高度重视。

习近平总书记指出,我们党是一个拥有8900多万名党员的大党,在一个十几亿人口的大国执政,肩膀上的担子重、责任大,必须组成一个政治坚定、团结统一、坚强有力、奋发有为的中央领导集体。

在以习近平同志为核心的党中央统筹谋划下,新一届中央领导机构人选的酝酿提名工作有序展开……

2017年从年初开始,习近平总书记就如何酝酿产生新一届中央领导机构人选问题,认真听取中央政治局常委同志的意见。

大家一致赞成,在总结党的十六大、十七大、十八大有关做法的基础上,借鉴十九届"两委"人选和省级党委换届考察工作的做法和经验,采取谈话调研的方式,就新一届中央政治局、常委会、书记处组成人选,中央军委组成人选以及需要统筹考虑的国务院领导成员人选和全国人大、全国政协党内新提拔人选等,在一定范围内面对面听取推荐意见和建议。

2017年4月24日,习近平总书记主持召开中央政治局常委会会议进行专门研究,讨论通过了《关于十九届中央领导机构人选酝酿工作谈话调研安排方案》。谈话调研和人选酝酿工作在习近平总书记直接领导下进行。主要遵循以下原则:

——着眼于统筹推进"五位一体"总体布局和协调推进"四个全面"战略布局,贯彻落实新发展理念,全面建成小康社会,不断推动新时代中国特色社会主义事业向前发展;着眼于提高党的领导水平和执政能力、保持和发展党的先进性和纯洁性,推进国家治理体系和治理能力现代化,巩固党的执政地位;着眼于党的事业后继有人、兴旺发达,确保党和国家长治久安。

——坚持政治家集团标准，坚持五湖四海、任人唯贤，坚持德才兼备、以德为先，坚持事业为上、公道正派，严把政治关和廉洁关，精准科学选人用人。

——进一步改进完善党和国家领导人产生机制，积极稳妥地推进党和国家高层领导的新老交替。

——坚持党管干部原则，贯彻民主集中制，充分发扬党内民主，提高民主质量和实效。谈话调研重在集思广益、统一认识，不限定推荐人数，人选推荐票数作为参考，不以票取人。根据干部条件、一贯表现和班子结构需要，研究提出新一届中央领导机构人选。

新一届中央军委组成人选方案，应突出强调坚持政治标准，聚焦备战打仗，优化结构布局，注重老中青梯次配备。

按照这些原则，中央提出了推荐人选应具备的条件：

——对党忠诚，信念坚定，牢固树立"四个意识"，坚定"四个自信"，坚决贯彻习近平新时代中国特色社会主义思想，与以习近平同志为核心的党中央保持高度一致，是合格的马克思主义政治家。

——领导能力强，实践经验丰富，有强烈的革命事业心，有改革创新和实事求是精神，敢于担当，有正确的政绩观，工作业绩突出。

——带头执行民主集中制，自觉维护以习近平同志为核心的党中央权威和集中统一领导，善于团结同志，公道正派，心胸宽广。

——具有共产党人的世界观、人生观、价值观，带头坚持原则，带头遵守党的纪律和规矩，作风过硬，清正廉洁，在党内外有较高威信和良好形象。

参照往届做法，根据党和国家事业发展需要和中央领导机构建设的实际，中央还对推荐人选的范围、年龄和结构提出明确要求。

大家一致认为，中央关于新一届中央领导机构人选酝酿工作的原则科学合理，推荐人选的标准条件清晰明确，推荐范围、年龄杠杠和结构要求符合实际，体现了党中央的远见卓识。

民主科学凝共识——新一届中央领导机构人选的产生,采取了一系列新方式、新举措,体现了选人用人新机制、新导向,展示了党的新作风、新形象

2017年5月下旬,一位省部级领导干部接到通知,来京参加组织谈话。

谈话地点安排在中南海。一到候谈室,3份材料已经摆在桌上——《谈话调研有关安排》《现任党和国家领导人党员同志名册》《正省部级党员领导干部名册》。

按照谈话调研工作程序,给参加谈话干部安排充分时间阅读材料,独立认真思考准备。

在此基础上,中央领导同志以面对面谈话的方式,听取了这位干部关于新一届中央领导机构人选的推荐意见。

"没有限定推荐人数,了解多少就谈多少,怎么想就怎么谈,实事求是,畅所欲言。"这位干部事后感慨,"作为一名在地方工作的同志,有机会、有资格对新一届中央领导机构人选发表意见、进行推荐,这是党中央对我的高度信任,充分体现了我们党的民主作风和宽广胸怀,体现了我们党善于集中全党智慧的优良传统。"

用个别谈话调研的形式,在一定范围内面对面听取对中央领导机构人选的推荐意见和有关建议,这是十九届中央领导机构人选酝酿提名工作的重大创新。

这一重大创新,体现在借鉴历史经验、探索选人用人新方式新举措上——

在党和国家高层领导人选产生方面,我们党有着优良传统,不断进行积极探索,有经验也有教训。党的十七大、十八大探索采取了会议推荐的方式,但由于过度强调票的分量,带来了一些弊端:有的同志在会议推荐过程中简单"划票打勾",导致投票随意、民意失真,

甚至投关系票、人情票。中央已经查处的周永康、孙政才、令计划等就曾利用会议推荐搞拉票贿选等非组织活动。

坚持问题导向，中央对新一届中央领导机构人选的产生方式进行创新和改进，强调坚持民主方向、改进民主方法、提高民主质量，决定在对十九届"两委"委员人选深入考察、严格把关基础上，通过谈话调研、听取意见、反复酝酿、会议决定等程序逐步酝酿产生中央领导机构人选。

从2017年4月下旬至6月，习近平总书记专门安排时间，分别与现任党和国家领导同志、中央军委委员、党内老同志谈话，充分听取意见，前后谈了57人。

根据中央政治局常委会的安排，中央相关领导同志分别听取了正省部级、军队正战区职党员主要负责同志和其他十八届中央委员共258人的意见。中央军委负责同志分别听取了现任正战区职领导同志和军委机关战区级部门主要负责同志共32人的意见。

这种采取个别谈话调研、面对面听取意见建议的方式，得到了参加谈话同志的一致赞誉。大家普遍感到，方案考虑周全，工作安排细致，程序设计周密，纪律要求严格，这样反映出的意见更全面、更真实、更准确。

这一重大创新，体现在坚持以事择人、形成组织工作新机制新导向上——

在谈话推荐工作中，中央明确了推荐人选的条件，坚持以马克思主义政治家集团标准选人，注重知行合一；坚持事业为上、任人唯贤，注重工作能力与实践经验；坚持严把人选廉洁关和作风关，注重形象口碑。

严格标准、事业为上，参加谈话的同志对此高度评价、一致赞同。大家认为，党和国家领导职务也不是"铁椅子""铁帽子"，符合年龄的也不一定当然继续提名，主要根据人选政治表现、廉洁情况和事业需要,能留能转、能上能下。

大家反映,十九届中央领导机构人选的产生,健全了科学的用人机制,对进一步形成良好的党内政治生态、增强干部选任的科学性和公信力具有深远意义。

许多同志说,这次在这么大范围内就党和国家高层人事安排问题广泛听取意见,是新形势下充分发扬党内民主的有效方式,是改进和完善党和国家领导人产生机制的成功实践,倡导了新的正确用人导向。

这一重大创新,体现在坚持风清气正、再塑党的新作风新形象上——

肩负光荣的政治使命和沉甸甸的政治责任,本着对党和国家事业高度负责的态度,参加谈话的同志严肃认真,知无不言、言无不尽,讲心里话,公正表达意见。

参加谈话的同志在思考准备时都非常认真、十分慎重,有的拟好谈话提纲;在谈话中都能畅所欲言,不仅充分发表推荐意见,许多同志还对中央领导班子建设提出了很好的建议;有的同志在谈话回去后又打来电话补充意见,有的还专门补交了书面材料……

"谈话过程也是对本人的一次考验和党性教育,是高级领导干部参与党内政治生活的生动实践。"大家反映,这种方式克服了以往"大会海推""划票打勾"带来的种种弊端,没有暗潮涌动,始终风清气正。

充分沟通酝酿,凝聚全党意志。

在综合大家意见建议的基础上,2017年9月25日,中央政治局常委会提出了新一届中央领导机构的组成人选方案。

新一届中央纪委领导成员人选建议方案,由中央纪委、中央组织部有关方面经过酝酿讨论,向中央提出。新一届中央军委组成人选建议方案,由中央军委经过集体讨论,向中央提出。

9月29日,中央政治局会议审议通过了新一届中央领导机构人选建议名单,决定提请党的十九届一中全会和中央纪委一次全会分别进行选举、通过、决定。

新一届中央领导机构产生的过程,是坚持党的领导和充分发扬民主相结合、凝聚全党智慧的过程,是严格按党章、按制度、按程序办事的过程,是党和国家领导人产生机制不断改进完善的过程,充分显示出我们党更加团结统一、成熟自信。

乘风破浪扬帆进——新一届中央领导机构汇集了全党各方面优秀的执政骨干,他们将团结带领全党全国各族人民,豪情满怀、意气风发进行伟大斗争、建设伟大工程、推进伟大事业、实现伟大梦想

10月24日,党的十九大选举产生了新一届中央委员会和中央纪律检查委员会。

10月25日,党的十九届一中全会选举产生了新一届中央领导机构。

这是一个体现全党意志、凝聚全党共识、反映人民期待,值得全党全军和全国各族人民充分信赖的领导集体——

新一届中央领导机构由符合马克思主义政治家标准,能够适应统筹推进"五位一体"总体布局、协调推进"四个全面"战略布局需要,具有破解改革攻坚难题、应对各种风险能力的专业素质,具有丰富领导经验和群众工作本领,忠诚、干净、担当,在干部群众中有很高威信的各方面党的执政骨干组成。

这是一个承前启后、继往开来,充分体现当代中国共产党人风貌的领导集体——

十九届中央政治局由25名熟悉各方面、各领域工作的同志组成,都有较高学历和专业知识,结构比较合理,有在地方工作的,有在中央和国家机关工作的,也有军队的同志,还有女同志。其中,10名同志是十八届中央政治局委员继续提名,3名同志是全国人大和国务院领导同志转任,12名同志是新提拔的。

这是一个朝气蓬勃、富有活力，能够适应党和国家事业长远发展需要的领导集体——

新一届中央领导机构进退比例比较适当，保持了人员和工作的连续性，积极稳妥地实现了党和国家高层领导的新老交替。一批德才兼备、年富力强的领导干部进入新一届中央政治局，充分反映了我们党的兴旺发达、后继有人。

在新一届中央领导机构酝酿人选和征求意见时，一些党和国家领导同志以党和人民利益为重，以对国家发展和民族振兴高度负责的精神，主动表示退下来，让相对年轻的同志上来，表现出了共产党人的宽阔胸怀和高风亮节。

领航新时代，再启新征程。

2017年10月25日上午，人民大会堂东大厅华灯璀璨，气氛热烈。11时54分，中国共产党第十九届中央委员会总书记习近平和中央政治局常委李克强、栗战书、汪洋、王沪宁、赵乐际、韩正步入东大厅，同采访党的十九大的中外记者亲切见面。

步履矫健、姿态从容，中央领导同志在镜头和闪光灯前展示出沉稳豪迈的气度和锐意进取的精神。

习近平总书记代表新一届中央领导机构成员衷心感谢全党同志的信任，表示一定恪尽职守、勤勉工作、不辱使命、不负重托。他说，过去的5年，我们做了很多工作，有的已经完成了，有的还要接着做下去。党的十九大又提出了新目标新任务，我们要统筹抓好落实。只要我们深深扎根人民、紧紧依靠人民，就可以获得无穷的力量，风雨无阻，奋勇向前。

这是新时代领航者的自信，这是一个执政党的担当，这是伟大民族复兴的希望。

以习近平同志为核心的新一届中央领导集体，必将团结带领全党全国各族人民，高举中国特色社会主义伟大旗帜，锐意进取，埋头苦干，决胜全面建成小康社会，夺取新时代中国特色社会主义伟大胜利，引领承载着中国人民伟大梦想的航船破浪前进，驶向光辉的彼岸。（新华社记者赵承 霍小光 张晓松 罗争光）

新华社北京 10 月 26 日电

二、建设马克思主义执政党的光辉指引
—— 《中国共产党章程（修正案）》诞生记

时代的洪流奔涌向前，鲜红的党章昭示未来。

一代代中国共产党人带领人民接续奋斗，推动承载着中华民族伟大复兴梦想的航船驶入新时代。

处于新的历史方位，站在新的历史起点，开启新的历史征程，党的十九大如何根据新形势新任务对党章进行适当修改，为这面高扬的旗帜增添新的思想光芒，人民在期待，世界在关注。

"通过！"

10月24日上午，北京人民大会堂，习近平总书记以铿锵有力的声音，庄严宣布大会表决通过关于《中国共产党章程（修正案）》的决议。

热烈的掌声回荡在万人大礼堂。

这是党和人民的共同意愿——大会一致同意将习近平新时代中国特色社会主义思想同马克思列宁主义、毛泽东思想、邓小平理论、"三个代表"重要思想、科学发展观一道确立为党的行动指南，一致同意把坚定维护以习近平同志为核心的党中央权威和集中统一领导写入党章。

这是党和人民的共同意志——大会一致同意将实现"两个一百年"奋斗目标，实现中华民族伟大复兴的中国梦的宏伟目标写入党章。

这是党和人民的共同心声——大会一致同意将党的十九大关于新

时代坚持和发展中国特色社会主义的重大政治论断、重大战略、重大举措写入党章。

这是党和人民的共同信念——大会一致同意将党的十八大以来以习近平同志为核心的党中央坚持和加强党的领导、全面从严治党的新鲜经验写入党章。

进入新时代，开启新征程，光辉的旗帜更加高高飘扬。

事关党的长远发展的重大决策——党的十九大对党章进行适当修改，是以习近平同志为核心的党中央立足新时代党的事业发展和党的建设全局、适应新的实践变化和任务要求作出的决定

上海老成都北路，中共二大会址纪念馆。修葺一新的党章展厅内，60余种各个时期的珍贵党章版本铺满整整一面墙。

1922年，中国共产党的第一部党章在这里诞生。从党的三大开始，除了党的五大，历次党的全国代表大会都对党章作出不同程度的修改。

"要把党的十九大报告确立的重大理论观点和重大战略思想写入党章，使党章充分体现马克思主义中国化最新成果，充分体现党的十八大以来党中央提出的治国理政新理念新思想新战略，充分体现坚持和加强党的领导、全面从严治党的新鲜经验，把我们党建设得更加朝气蓬勃、坚强有力，始终保持党同人民群众的血肉联系。"

9月18日，党的十九大召开前1个月，中央政治局召开会议，研究包括《中国共产党章程（修正案）》稿在内的拟提请党的十八届七中全会讨论的文件。外界首次获悉党的十九大将修改党章。

"从中共党章，可以看出中国下一步发展的方向。"新加坡《联合早报》报道说。

这是改革开放以来中国共产党第八次修改党章。从党的十二大通过现行党章开始，我们党认真总结坚持和发展中国特色社会主义的成功经验，又先后6次通过党的全国代表大会修改党章，及时把党的实践发展和理论创新的重大成果体现到党章中，使党章在推进党和国家事业、加强党的建设中发挥了重要指导作用。

高举旗帜，继往开来。

党的十八大以来，以习近平同志为核心的党中央以巨大的政治勇气和强烈的责任担当，提出一系列治国理政新理念新思想新战略，出台一系列重大方针政策，提出一系列重大举措，推进一系列重大工作，解决了许多长期想解决而没有解决的难题，办成了许多过去想办而没有办成的大事，推动党和国家事业发生历史性变革，中国特色社会主义进入了新时代。

这是承前启后、继往开来、在新的历史条件下继续夺取中国特色社会主义伟大胜利的时代。处在"两个一百年"奋斗目标的历史交汇期，以习近平同志为核心的党中央将带领全国各族人民决胜全面建成小康社会，进而开启全面建设社会主义现代化国家新征程。

这是全体中华儿女勠力同心、奋力实现中华民族伟大复兴中国梦的时代。全国各族人民将团结奋斗、不断创造美好生活、逐步实现全体人民共同富裕，中华民族将以更加昂扬的姿态屹立于世界民族之林。

新时代、新目标、新征程，需要光辉的旗帜引领。

党章是党的总章程，对加强党的领导、加强党的建设具有根本性规范和指导作用。适应世情国情党情变化对我们党提出的新要求，契合人民群众对美好生活的新期待，党的总章程才能激发全党全国各族人民的磅礴力量，引领党和人民事业在新时代谱写出壮丽的新篇章。

一封封来信、一个个电话……近年来，很多党员和党组织向中央有关部门建议，适应党的实践变化和任务要求，在党的十九大上对党章进行适当修改。

2017年1月，在党中央就党的十九大报告议题广泛征求意见过程中，许多地方和部门的党组织向党中央提出了同样的建议。

以习近平同志为核心的党中央对修改党章的建议高度重视，要求党中央有关单位抓紧研究和论证，十分慎重地作出修改党章的决定。

在深入调查论证的基础上，5月18日，习近平总书记主持召开中央政治局常委会会议，作出党的十九大对党章进行适当修改的重大决定。

党中央认为，综合考虑各方面因素，党的十九大对党章进行适当修改是必要的，也符合各级党组织和广大党员的意愿。

——确保新时代沿着正确方向前进，需要与时俱进的科学理论作指导。

党的十八大以来，党和国家事业发生历史性变革，开创治国理政、管党治党新境界，最根本的在于以习近平同志为核心的党中央的坚强领导，在于习近平总书记系列重要讲话精神和治国理政新理念新思想新战略的正确指导。对习近平总书记系列重要讲话精神和治国理政新理念新思想新战略在理论上作出新概括，并同马克思列宁主义、毛泽东思想、邓小平理论、"三个代表"重要思想、科学发展观一道确立为党的行动指南写入党章，实现党的指导思想的与时俱进，对于在新的历史起点上进行伟大斗争、建设伟大工程、推进伟大事业、实现伟大梦想具有重大现实意义和深远历史意义。

——确保新时代沿着正确方向前进，需要一系列重大战略举措和大政方针作支撑。

党的十八大以来，以习近平同志为核心的党中央统筹推进"五位一体"总体布局、协调推进"四个全面"战略布局，坚持稳中求进工作总基调，迎难而上，开拓进取，在改革发展稳定、内政外交国防、治党治国治军等各方面积累了丰富的实践经验，形成了一系列新目标、新政策、新举措、新部署。把这些最新实践成果写入党章，有利于全党始终在思想上政治上行动上同以习近平同志为核心的党中央保持高度一致，不折不扣执行党中央的决策部署，把中国特色社会主义推向新的高度。

——确保新时代沿着正确方向前进，需要毫不动摇推进党的建设新的伟大工程作保证。

党的十八大以来，以习近平同志为核心的党中央以顽强意志和空前力度，扎实推进全面从严治党，在党的政治建设、思想建设、组织建设、作风建设、纪律建设及制度建设、反腐败斗争等各方面取得了历史性成就，赢得了党心民心。把这些行之有效的做法和经验提炼后写入党章，有利于促进全党同志保持清醒头脑，增强全面从严治党永远在路上的政治定力，不断提高党的建设质量，使党永葆生机活力。

同时，党中央认为，把党的十九大报告确立的重大理论观点和重大战略思想体现到党章中，实现党章与党的十九大报告的紧密衔接，有利于全党更好地学习领会、贯彻落实党的十九大精神。

党中央确定了这次修改党章必须遵循的原则：坚持以马克思列宁主义、毛泽东思想、邓小平理论、"三个代表"重要思想、科学发展观为指导，深入贯彻落实习近平总书记系列重要讲话精神和治国理政新理念新思想新战略；坚持发扬民主，集中全党智慧，保持党章总体稳定，只修改那些必须改的、在党内已经形成共识的内容，可改可不改的不改，不成熟的意见不改。

定位准，方向明。

习近平总书记高度重视、亲力亲为，自始至终关心、指导着党章修改工作。

党中央成立了由刘云山同志任组长、王岐山同志任副组长的党章修改小组，在中央政治局常委会直接领导下工作。

6月19日，北京中南海。党章修改小组举行第一次全体会议，党章修改工作正式启动。

室外，骄阳似火。涌动在党章修改小组同志们心头的，是火一样的激情和强烈的责任感。牢记党中央的重托和全党同志的期望，党章修改小组全力投入到工作中。

集中全党意志的生动实践——在以习近平同志为核心的党中央坚强领导下，党章修改充分发扬民主，集中全党智慧，统一思想、形成共识，激发起全党的创造力凝聚力战斗力

接到上级党委邀请参加征求党章修改意见座谈会的通知时，党的十九大代表、鞍山钢铁公司职工郭明义正和"郭明义爱心团队"在辽宁省朝阳市农村开展精准扶贫调研。

"太有必要了！习近平总书记带领我们打开了中国特色社会主义事业新局面，老百姓的生活越来越好，对党中央、对习近平总书记提出的各项方针举措拍着巴掌赞同。党章就要把这些宝贵的思想和经验固化下来，引导我们党和国家在新航程上继续前进。"

忙完一天的调研，郭明义匆匆吃了一口饭，便把自己关进房间，提笔写下满满4页纸的意见和建议。

党章是全党意志、人民意愿的集中体现。

6月2日，党中央就党章修改工作向各地区各部门下发征求意见通知。

从中央领导同志到各地区各部门有关负责同志，再到基层党员、干部，都一同参与到党章修改工作中，使这次党章修改成为发扬党内民主的一次生动实践。

据党章修改小组有关负责人介绍，修改工作一开始，党中央就明确提出，要坚持解放思想、实事求是、集思广益，努力使修改后的党章充分体现党的理论创新和实践创新的最新成果，适应党和人民事业、党的建设新发展的需要。

党章修改工作始终将发扬党内民主体现在各个环节和各个方面，始终坚持对党员知情权、参与权、表达权的尊重。

——党章修改过程中，习近平总书记6次主持召开中央相关会议，研究党章修改工作、审议党章修改相关文件；主持召开6场座谈会，当面听取对党章修改的意见和建议。

"党章是党的根本大法，党章修改事关重大、至关重要，广大党员对此寄予很大期望。"习近平总书记多次强调，要以对党、对党的事业高度负责的精神做好党章修改工作。

在党章修改工作每一个重要节点，习近平总书记都要亲自听取汇报，总结上一阶段工作，为下一阶段工作提出要求、指明方向。

"党章修改工作是党的十九大文件起草工作的重要组成部分。"7月20日、24日，中央政治局常委会会议、中央政治局会议先后审议党章修正案（送审稿），习近平总书记强调，要把党的十八大以来加强党的领导和加强党的自身建设取得的重要成果，及时地充分地体现到党章中去，转化为全党的共同意愿和共同遵循，并对做好党章修正案下发各地区各部门征求意见工作提出了明确要求。

8月21日至25日，习近平总书记在中南海连续召开6场座谈会，当面听取各省区市、解放军各大单位和军委机关各部门主要负责同志的意见，同大家就党章修改问题深入进行研究。

"党章修正案能不能得到党的十九大通过、得到会议代表认同，直接检验着党章修改工作的成败。"9月14日、18日，习近平总书记分别主持召开中央政治局常委会会议、中央政治局会议审议党章修正案（讨论稿），强调要根据会议提出的意见抓紧修改好相关文件，要求在提请党的十八届七中全会审议前，对各地区各部门反馈意见进行再研究再吸收，认真打磨、精益求精，做到思想观点准确、新增内容稳妥、文字表述精到。

党的十八届七中全会期间，10月13日晚，中央政治局常委会会议对根据全会意见和建议作出修改后的党章修正案稿进行审议，习近平总书记对进一步做好党章修改工作提出明确要求。

党的十九大期间，党章修正案稿吸收与会代表提出的意见和建议，作了进一步修改完善。10月21日晚，习近平总书记主持召开大会主席团常务委员会第一次会议,听取党章修正案修改情况,对新修改的内容逐一讨论。

——党章修改过程中,各地区各部门在中央两次征求意见过程中反馈2165条意见和建议,书面报告累计超过2000页、总计100多万字。

每一次修改党章,都凝聚着全党的智慧和心血。

6月上中旬,按照党中央通知要求,各地区各部门精心组织召开座谈会,广泛征求意见和建议。会前,与会同志认真学习党章和习近平总书记系列重要讲话,既站在新时代党和国家事业发展大局上深入思考,又注意结合本地区本领域的工作实际,体现基层党员、群众的意愿,提出真知灼见;会上,大家畅所欲言,在热烈的讨论中形成共识。

6月下旬,各地区各部门先后报送了118份书面报告,一致赞成对现行党章作适当修改并保持党章总体稳定,完全赞同党中央确定的修改原则,共提出修改意见和建议1775条。

8月5日,中央将《中国共产党章程(修正案)》征求意见稿同党的十九大报告征求意见稿一道印发各地区各部门,党的十八大代表和新当选的党的十九大代表参加了讨论。

8月下旬,各地区各部门再次向中央报送了118份书面报告,普遍认为这次修改工作积极稳妥、务实严谨,指导思想、修改原则、修改程序、修改内容正确,同时提出了390条修改意见。

——党章修改过程中,党章修改小组先后召开5次全体会议、30多次工作班子会议,形成30多份党章修改稿、过程稿。

每一条意见都要精心对待、每一处修改都要反复推敲、每一道程序都要认真履行、每一项工作都要及时到位,这是党中央的要求,也是党章修改小组的自觉行动。

6月19日,党章修改小组第一次全体会议一结束,来自党中央多个部门的工作班子成员就来到住地,落实工作安排,明确具体任务、时间进度和工作要求。

随后的一周多时间内，党章修改小组对各地区各部门报送的报告夜以继日认真进行梳理，形成了600多页、30多万字的意见汇总本。在此基础上，党章修改小组提出了党章修改建议方案，对党章共作出99处修改，采纳或体现了1278条意见。

8月下旬至9月上旬，党章修改小组逐条梳理各地区各部门反馈的党章修正案稿修改意见和建议，适当吸收比较集中的意见，作出31处修改，其中新修改5处，对上一轮修改处的修改26处。

天下大事，必作于细。

每次中央政治局常委会会议和中央政治局会议审议党章修改方案后，党章修改小组都第一时间学习习近平总书记重要讲话精神，落实会议提出的重要意见。

这是一项严肃的政治任务，必须经得起实践和人民的检验。党章修改小组以高度负责的态度、科学严谨的作风，从一个重大提法到一个标点符号，都要琢磨了再琢磨、推敲了再推敲、比较了再比较。工作驻地的灯光，见证着党章修改小组同志日夜忙碌的身影，也见证着党章修正案一步步走向完善和成熟。

10月11日至14日，党的十八届七中全会召开。刘云山同志就《中国共产党章程（修正案）》讨论稿向全会作了说明。与会同志认真研究和讨论，提出了49条修改意见和建议。中央政治局常委会讨论通过了党章修改小组提出的修改方案。全会通过了《中国共产党章程（修正案）》，决定提请党的十九大审议。

10月18日至24日，党的十九大召开，38个代表团的代表、特邀代表对党章修正案进行了认真审议。大家普遍认为，修改后的党章顺应党心民心、顺应时代潮流，对于我们党在中国特色社会主义新时代进一步提高党的建设质量、提高党的执政能力和领导水平，更好地引领党和人民事业发展具有十分重大的意义。同时，代表们积极建言献策，共提出51条修改意见和建议，党章修改小组又进行了修改。

经大会主席团常务委员会会议讨论通过，再次提请代表们审议。

夺取伟大胜利的行动纲领——修改后的党章通篇贯穿习近平新时代中国特色社会主义思想，必将成为引领中国共产党在新时代实现历史使命的光辉旗帜

10月24日，党的十九大闭幕会上表决大会关于《中国共产党章程（修正案）》的决议时，党的十九大代表、河南省辉县市张村乡裴寨村党总支书记裴春亮高高举起了右手。

10月19日晚一接到散发着墨香的《中国共产党章程（修正案）》讨论稿，裴春亮就对照党的十九大报告反复审读，同其他代表热烈交流。

"党章高屋建瓴、新风扑面，对习近平新时代中国特色社会主义思想体现得十分充分，让我看到我们党、我们国家更加美好的未来。"裴春亮说。

大会通过的党章修正案，共修改107处，其中总纲部分修改58处，条文部分修改49处。

每一处修改，都凝结着党的十八大以来的丰富实践探索，蕴含着对新时代党的事业发展和党的建设的新要求，昭示着党的前进方向。

——始终贯穿着习近平新时代中国特色社会主义思想这根红线。

党章修正案的最大亮点和历史性贡献，是将习近平新时代中国特色社会主义思想同马克思列宁主义、毛泽东思想、邓小平理论、"三个代表"重要思想、科学发展观一道确立为党的行动指南。

修改后的党章在总纲部分专门增写一个自然段强调，习近平新时代中国特色社会主义思想是对马克思列宁主义、毛泽东思想、邓小平理论、"三个代表"重要思想、科学发展观的继承和发展，是马克思主义中国化最新成果，是党和人民实践经验和集体智慧的结晶，是中国特色社会主义理论体系的重要组成部分，是全党全国人民为实现中华民族伟大复兴而奋斗的行动指南，必须长期坚持并不断发展。同时，在条文部分关于党员必须履行的义务、党的干部的基本条件和党的基层组织的基本任务中，增写了学习、贯彻习近平新时代中国特色社会主义思想的内容。

深邃的思想，彰显强大的真理力量。

代表们一致认为，习近平新时代中国特色社会主义思想，从理论和实践结合上系统回答了新时代坚持和发展什么样的中国特色社会主义、怎样坚持和发展中国特色社会主义这个重大时代课题。在党章中确认习近平新时代中国特色社会主义思想的历史地位，具有深厚的实践基础、思想基础、群众基础，是全党的共同意愿和全国各族人民的共同心愿。

从实现中华民族伟大复兴的中国梦，到把我国建成富强民主文明和谐美丽的社会主义现代化强国；从统筹推进"五位一体"总体布局和协调推进"四个全面"战略布局，到牢固树立"四个意识"和坚定"四个自信"；从坚持新发展理念，到推进供给侧结构性改革，从健全中国特色社会主义法治体系，到培育和践行社会主义核心价值观……修改后的党章，将党的十八大以来习近平总书记的重要思想观点和党的十九大报告的相关提法充实进来。

代表们一致认为，习近平新时代中国特色社会主义思想内涵丰富、博大精深。党章的每一处修改，都是这一重要思想的具体体现、具体要求，一根红线贯穿始终。要不断增强学习贯彻习近平新时代中国特色社会主义思想的自觉性和坚定性，结合党的十九大报告和党的十八大以来的伟大实践，系统领会每一处修改的精到之处，学深悟透、融会贯通，真正内化于心、外化于行。

伟大的事业，需要坚强的核心领航。

党章修正案增写了维护以习近平同志为核心的党中央权威和集中统一领导的内容，并突出强调了党的领导地位和作用，把党政军民学、东西南北中，党是领导一切的这一重大政治原则写入党章，明确中国共产党领导是中国特色社会主义最本质的特征，是中国特色社会主义制度的最大优势。代表们一致表示，在党的根本大法中明确党是领导一切的这一重大政治原则，确认习近平同志的核心地位，对于全党牢固树立"四个意识"，更加自觉地维护党中央权威、维护党的团结统一，实现党和国家事业兴旺发达具有重大意义。

——体现了夺取新时代中国特色社会主义伟大胜利的前进方向。

党章修正案系统总结了党的十八大以来的成功实践和理论创新成果，从新时代坚持和发展中国特色社会主义、推进党和人民事业长远发展的高度，充实了改革开放以来我们取得一切成绩和进步的根本原因的内容，充实了社会主义初级阶段方面的内容，充实了党的基本路线方面的内容，充实了经济建设、政治建设、文化建设、社会建设、生态文明建设方面的内容，充实了国防和军队建设、民族关系、统一战线、外交方面的内容，涵盖改革发展稳定、内政外交国防、治党治国治军的方方面面。

代表们一致认为，这些增写、调整的内容体现了问题导向，是对当前我国发展中存在的突出问题、改革攻坚和加快转变发展方式面临的难点问题、干部群众普遍关注的热点问题的积极回应，有利于进一步增强"四个自信"，更好地凝聚力量，完成新时代赋予的光荣而艰巨的任务。

——体现了贯彻以人民为中心的发展思想的战略任务。

人民对美好生活的向往始终是我们党的奋斗目标，党章中印刻着我们党不变的初心。

党章修正案牢牢把握当前我国社会发展阶段性特征，紧扣人民群众的需要多样化多层次多方面特点，增写了必须坚持以人民为中心的发展思想；将我国社会主要矛盾的表述调整为人民日益增长的美好生活需要和不平衡不充分的发展之间的矛盾；将又好又快发展修改为更高质量、更有效率、更加公平、更可持续发展；增写了不断增强人民群众获得感的内容……

代表们一致认为，我们党的一切奋斗都是为人民谋幸福为民族谋复兴，以人民为中心的发展思想体现在党章修改的方方面面，表明我们党始终不忘初心、牢记使命，始终践行全心全意为人民服务的宗旨。

——体现了坚定不移全面从严治党的时代要求。

中国特色社会主义进入新时代，我们党一定要有新气象新作为。党章修正案对党的十八大以来管党治党的实践创新和理论创新成果进行梳理提炼，及时固化为制度成果。

在总纲部分，将坚持党要管党、从严治党修改为坚持党要管党、全面从严治党，明确为党的建设指导方针；以党的政治建设为统领，调整充实了党的建设总体布局，明确以党的政治建设为统领，全面推进党的政治建设、思想建设、组织建设、作风建设、纪律建设，把制度建设贯穿其中；增写加强和规范党内政治生活，增强党内政治生活的政治性、时代性、原则性、战斗性，发展积极健康的党内政治文化，营造风清气正的良好政治生态等内容；将坚持从严管党治党作为党的建设必须坚决实现的基本要求之一写入党章，使党的建设目标更加清晰、布局更加完善。

在条文部分，充实了党员义务和发展党员标准等内容；增写了实现巡视全覆盖、中央单位巡视、市县巡察等内容；顺应基层呼声，将总支部委员会、支部委员会每届任期两年或三年调整为每届任期三年至五年；充实了干部选拔和领导干部条件等内容；充实了党的纪律、党的纪律检查机关部分的内容……

代表们一致认为，这些重大修改坚持以党的政治建设为统领，把全面从严治党的要求落实到了党的建设各方面、全过程，体现了对新时代推进党的建设新的伟大工程规律认识的深化，彰显了我们党打铁必须自身硬的坚强决心。

这是引领方向的旗帜，这是凝聚力量的旗帜。

党章的权威，在于这是全党意志的集中反映。党章的生命，在于全党上下共同尊崇、一体执行。

党的十九大闭幕会通过了关于《中国共产党章程（修正案）》的决议，号召党的各级组织和全体党员在以习近平同志为核心的党中央坚强领导下，高举中国特色社会主义伟大旗帜，以马克思列宁主义、毛泽东思想、邓小平理论、"三个代表"重要思想、科学发展观、习近平新时代中国特色社会主义思想为指导，更加自觉地学习党章、遵守党章、贯彻党章、维护党章，坚持和加强党的全面领导，坚持党要管党、全面从严治党，为决胜全面建成小康社会、夺取新时代中国特色社会主义伟大胜利、实现中华民族伟大复兴的中国梦、实现人民对美好生活的向往继续奋斗！

一个永远以人民为中心的政党必然赢得人民拥护，一个始终与时代共进步的政党必将永葆生机活力。（新华社记者 赵超、陈炜伟）

新华社北京10月28日电

三、缔造发展奇迹 领航中国奋进
——国际社会高度评价中国共产党领导中国取得的巨大成就

中国共产党第十九次全国代表大会18日上午在北京开幕。习近平向大会作题为《决胜全面建成小康社会 夺取新时代中国特色社会主义伟大胜利》的报告。

习近平在报告中回顾党的十八大以来的工作时说,过去五年取得了改革开放和社会主义现代化建设的历史性成就,党和国家事业全面开创新局面。

对此,多国政界、学界人士及媒体表示,五年来,中国共产党领导中国取得了非凡发展成就,同时也为解决全球性问题积极贡献中国智慧和中国方案。坚持中国共产党领导、坚持走适合中国的发展道路,是中国取得巨大成就的关键所在,也是未来中国继续前行的正确方向。

中国成就:开创全新局面 赢得世界赞誉

习近平在十九大报告中说,五年来,我们统筹推进"五位一体"总体布局、协调推进"四个全面"战略布局,"十二五"规划胜利完成,"十三五"规划顺利实施,党和国家事业全面开创新局面。

受访外方人士表示,五年来,中国在经济建设、全面深化改革、全面从严治党、改善人民生活等多方面取得的巨大成就令世人瞩目。

越南共产党中央委员、中央对外部部长黄平君说,中共十八大以来,以习近平同志为核心的中共中央领导中国人民取得了巨大经济社会发展成就，推进全面依法治国、全面从严治党，提出了一系列治国理政新理念新思想新战略。

印度共产党（马）总书记亚秋里表示，中国的领导者调整发展战略，带领国家实现经济增长目标，是"了不起的成就"。

乌拉圭执政党广泛阵线主席米兰达曾在中国调研精准扶贫。他说，消除贫困绝非易事，但中国共产党用智慧和决心不断攻克难题，人民生活水平得到极大提升。

对于中国在减贫和城镇化领域取得的突出成就，埃及前总理埃萨姆·谢拉夫也印象深刻，认为这就是他眼中中国梦的主要内涵。"减贫和城镇化进程加速反映中国的经济发展是均衡、普惠的。"

谈及中国的反腐行动，塞尔维亚总统、执政党进步党主席武契奇认为，中国共产党从严治党、自我净化和整治腐败是进步的核心前提。从严治党这条道路为中共领导注入重要力量。

新加坡《联合早报》评论文章说，"打虎拍蝇"力度在中共历史上前所未有。反腐相关行动取得的成绩深得民心。

在英国48家集团俱乐部主席斯蒂芬·佩里和美国圣托马斯大学休斯敦分校教授乔恩·泰勒看来，中国领导层坚决进行反腐败斗争，体现出中共不断自我革新、不断发展的决心。

中国智慧：推动世界发展　获得广泛认同

习近平在十九大报告中说，中国共产党是为中国人民谋幸福的政党，也是为人类进步事业而奋斗的政党。中国共产党始终把为人类作出新的更大的贡献作为自己的使命。

外方人士表示，五年来，中国以更自信姿态日益走近世界舞台中央，通过提出构建人类命运共同体、"一带一路"倡议等，为世界实现共同发展提供中国方案，赢得国际社会广泛认同和积极响应。

俄罗斯联邦委员会（议会上院）国际事务委员会主席科萨切夫说，

中国积极推进发展全球和地区一体化体系,力求让所有主要国家共同创建透明和公平的游戏规则,中国越来越被视为推动全球化的领头羊。

巴勒斯坦民族解放运动中央委员会成员、对华关系专员阿巴斯·扎基表示,中国积极参与全球性问题解决,贡献越来越多的方案和倡议。中国在国际社会不断提出新的和平政策,成为制约霸权主义、维护世界和平的力量。

墨西哥中国问题专家阿德里安·西斯内罗说,中国领导人为中国及世界面临的一些现实问题提出了解决方案,如坚持绿色低碳、建设清洁美丽世界等主张。中国提出的新安全观,是基于合作互利、避免使用武力的新型安全观,它还涉及文化、社会和环境等方面内容,具有创新性。

谈到"一带一路"倡议,德国联邦外贸与投资署总经理于尔根·弗里德里希说,在此框架下,中国在多个沿线国家投资兴建基础设施,不仅促进了这些国家的稳定繁荣,还为全球的企业开启了新市场、提供了新机遇。

美国伊利诺伊理工大学斯图尔特商学院教授哈伊里·图尔克指出,中国能够保持经济增长并通过"一带一路"倡议让其他国家分享其经济增长红利。这一倡议是世界历史上最伟大的工程之一,将对世界经济产生重大、深远的影响。

中国道路:成就伟大实践　坚定前行方向

习近平在十九大报告中说,中国特色社会主义政治制度是中国共产党和中国人民的伟大创造。我们完全有信心、有能力把我国社会主义民主政治的优势和特点充分发挥出来,为人类政治文明进步作出充满中国智慧的贡献。

外方人士认为,坚持中国共产党的领导、坚持走适合中国的发展道路,是中国取得巨大成就的关键所在,也是未来中国继续前行的正确方向。

前南联盟驻华大使翁科维奇说，中国共产党的领导对中国的发展至关重要。

"如果没有中国共产党的领导，中国肯定无法达到今日的地位。"美国圣托马斯大学休斯敦分校教授乔恩·泰勒说。

在巴西中国问题研究中心主任罗尼·林斯看来，近五年来中共执政的一大特点在于巩固了中国特色社会主义制度，"中国的成功鼓励更多发展中国家创出自己的道路"。

泰国国家发展行政学院国际问题专家李仁良说，中国成就印证了中国在理论、道路和制度上历史选择的正确。中共立足中国国情，不断丰富与完善中国特色社会主义道路，实现了理论创新。

肯尼亚内罗毕大学国际经济学讲师盖里雄·伊基亚拉认为，中国在经济社会等各领域取得显著发展，国际影响力大幅提升，这些成绩与中共的英明决策和正确领导分不开，体现出中国特色社会主义政治制度的优越性。

俄罗斯科学院远东研究所政治研究和预测中心主任维诺格拉多夫说，中国选择了自己的发展道路，以成功实践证明资本主义不是唯一发展方案。

塞尔维亚总统武契奇表示，中国取得的成绩让外界对中国政治制度的疑虑逐渐消除，"中国应继续坚持适合自身发展并且带来成效的道路和制度体系"。（执笔记者：何梦舒、杨威；参与记者：陶军、乐艳娜、闫建华、胡晓明、倪瑞捷、郑思远、王慧娟、桂涛、高路、刘立伟、安晓萌、赵悦、杨媛媛、吴昊、汪平、赵焱、陈威华、杨舟、金正、范伟国、胡晓光）

新华社北京10月18日电

> ★ 延伸阅读

在伟大复兴新征程上奋勇前进

——各地干部群众表示要紧密团结在以习近平同志为核心的党中央周围把十九大精神落到实处

"历史是人民书写的,一切成就归功于人民。只要我们深深扎根人民、紧紧依靠人民,就可以获得无穷的力量,风雨无阻,奋勇向前。"

在25日新一届中央政治局常委与中外记者见面会上,习近平总书记代表新一届中央领导集体作出庄严宣示。

滔滔历史长河,巍巍丰碑耸立。在中国共产党96年的奋斗征程中,党的十九大注定是一座影响深远的里程碑,既辉映过去,又对推进新时代中国特色社会主义伟大事业作出全面部署。

连日来,从城市到乡村,从内陆到边陲,从工厂到学校,各地干部群众热烈庆祝党的十九大和十九届一中全会召开。大家表示,要紧密团结在以习近平同志为核心的党中央周围,把思想和行动统一到党的十九大精神上来,认真学习贯彻习近平新时代中国特色社会主义思想,团结奋斗、苦干实干,昂首阔步踏上决战全面建成小康社会、全面建设社会主义现代化国家新征程。

贯彻新思想 奋进新航程

25日一早,新疆麦盖提县喀玛库勒村原村支部书记、老党员依不拉因·阿尤甫就出了家门。他特意穿上平时不常穿的西装,胸前的党徽熠熠生辉。

村委会大院里，一排排小板凳已经摆好，村民们陆续赶来。当新一届中央政治局常委出现在电视屏幕中时，院子里爆发出热烈的掌声。

"有了以习近平同志为核心的党中央，我们就有了主心骨！未来的日子一定会越过越好！"依不拉因·阿尤甫激动地说。

在祖国大江南北，新一届中央领导机构产生的消息第一时间在人们的手机"刷屏"。大家热切关注着这个与国家发展、个人命运息息相关的时刻，为衷心拥戴的"中国号"巨轮领航者"点赞"。

刚刚闭幕的党的十九大，是在全面建成小康社会决胜阶段、中国特色社会主义进入新时代召开的一次十分重要的大会。"党的十九大统一了全党思想，凝聚了全国民心。实现'两个一百年'奋斗目标既是我们党对人民的庄严承诺，也是我们党不忘初心、牢记使命的真实写照。"十九大代表、内蒙古一机集团数控工人赵晶说，"作为一名80后青年技工，我深深体会到个人的命运与国家的命运紧紧联系在一起，感受到肩头的责任与使命。"

国家行政学院教授汪玉凯对十九大报告进行了详细研读。"十九大报告全面体现了党的十八大以来理论创新、实践创新、制度创新的最新成果，提出了习近平新时代中国特色社会主义思想，为夺取新时代中国特色社会主义伟大胜利提供了根本遵循。"他说。

组织党员干部学习十九大报告精神，对基层党组织发挥作用的情况进行摸底……党的十九大期间，福建省政和县各项工作紧锣密鼓展开，县委书记黄爱华的工作节奏也明显加快了。

"党的十九大绘就了新蓝图。新一届中央领导集体，让我们对党和国家的发展前景充满信心和期待。学习党的十九大精神，一个重要任务就是要增强'四个意识'。只有一心跟着以习近平同志为核心的党中央走，基层各项工作才能乘风破浪、排除万难。"黄爱华说。

党的十九大通过了党章修正案，把习近平新时代中国特色社会主义思想确立为党的指导思想。"这是顺应时代发展、顺应党心民意之举，我们基层党员干部坚决拥护。"辽宁省开原市委书记张谨说，党章是全体党员的总规矩和总遵循，修订后的党章为夺取新时代党和国家事业发展新胜利提供了强大的思想武器，必将推动党和国家事业沿着正确轨道向前发展。

十九大闭幕当天，云南师范大学成立了由100多名优秀学生和教师代表组成的十九大精神宣讲团，他们将深入课堂、社团、宿舍，把党的声音传递到广大青年学生中去。

"习近平新时代中国特色社会主义思想写入党章是党心民心所向，符合党的建设的需要，符合全面建成小康社会、中国特色社会主义进入新时代的需要。"云南师范大学党委书记饶卫说，我们要把学习贯彻党章与学习贯彻党的十九大精神特别是习近平新时代中国特色社会主义思想紧密结合起来，不忘初心，牢记使命，铸牢理想信念宗旨之魂。

走进新时代 绘就新蓝图

"经过长期努力，中国特色社会主义进入了新时代，这是我国发展新的历史方位。"十九大报告中的这句话，让安徽小岗村村民、当年大包干带头人严宏昌激动不已，"这辈子能亲身经历改革开放，又亲眼见证中国特色社会主义进入新时代，值了。"

严宏昌读了两遍十九大报告，对乡村振兴战略最感兴趣。"父亲最希望的就是小岗人的日子越过越富裕。"严宏昌的儿子严余山现在担任小岗村党委委员，他说，"小岗的发展也到了关键点，我们要进一步深化改革，让老百姓能看得见摸得到政策的红利，让农民的收入模式多样化。进入新时代，我们农民的好日子还在后头。"

走进新时代，几多憧憬；绘就新蓝图，豪情满怀。

北京正南100多公里，河北雄安新区热潮涌动。"十九大报告中专门提到雄安新区建设，让我们倍感自信自豪，同时也深感责任重大。"

中国中铁雄安新区投资建设总指挥部党工委书记王猛说,"在雄安新区建设中,我们一定承压奋进、担当作为!"

在贵州省遵义市播州区枫香镇花茂村,村民王治强开办的"红色之家"农家乐刚接待完一批从江苏来的游客。花茂村是习近平总书记参加党的十九大贵州省代表团讨论时,称赞为"风景画"的地方,这几天不少游客慕名而来。

"花茂村的变化太大了,尤其最近5年,通过发展乡村旅游、田园蔬菜等产业,大家的腰包越来越鼓。"王治强说,"有党的好政策,有自己的努力奋斗,我们的生活会越来越美好,这就是老百姓真真切切感受到的'新时代'。"

西藏阿里地区平均海拔4500米以上,常年高寒缺氧,是环境条件苦、地理位置偏、基础设施弱、经济总量小的民族边疆地区。

"阿里地区虽然脱贫攻坚任务重,但在以习近平同志为核心的党中央领导下,我们全体干部有信心、有决心,在全面建成小康社会的道路上不掉队!"十九大代表、西藏阿里地委书记朱中奎说。

新时代,新期盼。随着我国社会主要矛盾发生变化,人民美好生活需要日益广泛,在环境、安全、法治、公平等方面的要求日益增长。

茂林修竹,飞瀑流泉,房屋掩映在青山绿水间。位于武夷山脉北麓的江西铅山县篁碧畲族乡,是畲族儿女定居了数百年的家园。十九大代表、篁碧畲族乡党委书记雷海燕说,"十九大报告进一步明确要实行最严格的生态环境保护制度,这给畲族儿女吃下了定心丸,美丽中国正大踏步向我们走来。"

"老百姓期盼在每一个案件中感受到公平正义。作为基层党代表,我要把十九大精神融入到司法工作实践中去,及时把握人民群众对司法的新期待,进一步丰富司法为民举措。"十九大代表、江苏靖江市人民法院副院长陈燕萍说。

勠力新奋斗 担当新作为

上海，中共一大会址纪念馆内，18平方米的一大会议室原址庄严肃穆。"按当年原样复原布置的一大会场，是中国共产党人的初心之地、精神家园。"馆长张黎明抚今追昔、心潮澎湃："从当年的50多名党员，到今天8900多万党员，96年来，我们这支队伍始终不忘初心，牢记使命，就是要为中国人民谋幸福，为中华民族谋复兴，这是我们党不断从胜利走向胜利的力量源泉。"

中华民族伟大复兴，绝不是轻轻松松、敲锣打鼓就能实现的。习近平总书记强调，全党同志一定要"以永不懈怠的精神状态和一往无前的奋斗姿态，继续朝着实现中华民族伟大复兴的宏伟目标奋勇前进。"

旗帜高扬，风帆正满。

南海之滨，深圳前海。从5年前的一片滩涂，到如今的创新高地，前海变化可谓沧海桑田。"前海孕育着无限可能。我们要不断努力，撸起袖子加油干，让这片创新沃土谱写深化改革新篇章。"前海管理局副局长王锦侠说。

民之所望，政之所向。十九大报告强调，要永远与人民同呼吸、共命运、心连心，永远把人民对美好生活的向往作为奋斗目标。

十九大期间，甘肃省和政县大坪村包村干部陈康特别忙碌，对口帮扶和政县的厦门市集美区资助村里35户贫困户购买了50头扶贫牛，陈康几乎每天都蹲在村里，和乡亲们一起干活。

"习近平总书记在十九大报告中讲的深入实施东西部扶贫协作、重点攻克深度贫困地区脱贫任务等都是扶贫工作的'干货'，也是我们基层干部今后工作的方向。"陈康说，"干部群众的精神状态对于深度贫困地区的如期脱贫太关键了。我们要不怕困难，一往无前，争取早日摆脱贫困、实现小康！"

有目标就有担当,有方向就有力量。

"现在村里还有14户贫困户,让他们尽快脱贫,就是我作为一个基层村支书的奋斗目标。"十九大代表、海南省白沙黎族自治县打安镇副镇长兼田表村村支书羊风极说,他最期盼的事就是尽快把党的声音带回家乡,在新思想的指引下,大力发展生态旅游产业,搞好美丽乡村建设,带领贫困户早日脱贫。

"党的政策真是好,又养老来又养小,孤寡老幼双集中,政府替你把心操,看病还能去报销,活到九十也不嫌老!"朗朗上口的歌词,来自西藏工布江达县基层宣讲员次央。

"这几天,我已经把十九大报告反复研读了好几遍。"次央说,"我要以更加通俗易懂的语言、丰富的事例,为基层农牧民群众解读十九大报告内容,让每一个人都能听得清、听得懂。"

陕北高原,层林尽染。习近平总书记曾经工作过的延川县梁家河村,鲜艳的国旗迎风招展,村民们脸上洋溢着喜悦的笑容。

"过去五年,国家发生了很大变化,老百姓得到的实惠最多。大家都盼着,在以习近平同志为核心的党中央坚强领导下,国家更加富强,老百姓的'光景'越过越红火!"梁家河村党支部书记巩保雄说。

(执笔记者林晖、黄小希)

新华社北京10月25日电

附　录

决胜全面建成小康社会
夺取新时代中国特色社会主义伟大胜利

——在中国共产党第十九次全国代表大会上的报告

（2017年10月18日）

习近平

同志们：

现在，我代表第十八届中央委员会向大会作报告。

中国共产党第十九次全国代表大会，是在全面建成小康社会决胜阶段、中国特色社会主义进入新时代的关键时期召开的一次十分重要的大会。

大会的主题是：不忘初心，牢记使命，高举中国特色社会主义伟大旗帜，决胜全面建成小康社会，夺取新时代中国特色社会主义伟大胜利，为实现中华民族伟大复兴的中国梦不懈奋斗。

不忘初心，方得始终。中国共产党人的初心和使命，就是为中国人民谋幸福，为中华民族谋复兴。这个初心和使命是激励中国共产党人不断前进的根本动力。全党同志一定要永远与人民同呼吸、共命运、心连心，永远把人民对美好生活的向往作为奋斗目标，以永不懈怠的精神状态和一往无前的奋斗姿态，继续朝着实现中华民族伟大复兴的宏伟目标奋勇前进。

当前，国内外形势正在发生深刻复杂变化，我国发展仍处于重要战略机遇期，前景十分光明，挑战也十分严峻。全党同志一定要登高望远、居安思危，勇于变革、勇于创新，永不僵化、永不停滞，团结带领全国各族人民决胜全面建成小康社会，奋力夺取新时代中国特色社会主义伟大胜利。

一、过去五年的工作和历史性变革

十八大以来的五年，是党和国家发展进程中极不平凡的五年。面对世界经济复苏乏力、局部冲突和动荡频发、全球性问题加剧的外部环境，面对我国经济发展进入新常态等一系列深刻变化，我们坚持稳中求进工作总基调，迎难而上，开拓进取，取得了改革开放和社会主义现代化建设的历史性成就。

为贯彻十八大精神，党中央召开七次全会，分别就政府机构改革和职能转变、全面深化改革、全面推进依法治国、制定"十三五"规划、全面从严治党等重大问题作出决定和部署。五年来，我们统筹推进"五位一体"总体布局、协调推进"四个全面"战略布局，"十二五"规划胜利完成，"十三五"规划顺利实施，党和国家事业全面开创新局面。

经济建设取得重大成就。坚定不移贯彻新发展理念，坚决端正发展观念、转变发展方式，发展质量和效益不断提升。经济保持中高速增长，在世界主要国家中名列前茅，国内生产总值从五十四万亿元增长到八十万亿元，稳居世界第二，对世界经济增长贡献率超过百分之三十。供给侧结构性改革深入推进，经济结构不断优化，数字经济等新兴产业蓬勃发展，高铁、公路、桥梁、港口、机场等基础设施建设快速推进。农业现代化稳步推进，粮食生产能力达到一万二千亿斤。城镇化率年均提高一点二个百分点，八千多万农业转移人口成为城镇居民。区域发展协调性增强，"一带一路"建设、京津冀协同发展、长江经济带发展成效显著。创新驱动发展战略大力实施，创新型国家建设成果丰硕，天宫、蛟龙、天眼、悟空、墨子、大飞机等重大科技成果相继问世。南海岛礁建设积极推进。开放型经济新体制逐步健全，对外贸易、对外投资、外汇储备稳居世界前列。

全面深化改革取得重大突破。蹄疾步稳推进全面深化改革，坚决破除各方面体制机制弊端。改革全面发力、多点突破、纵深推进，着力增强改革系统性、整体性、协同性，压茬拓展改革广度和深度，推出一千五百多项改革举措，重要领域和关键环节改革取得突破性进展，主要领域改革主体框架基本确立。中国特色社会主义制度更加完善，国家治理体系和治理能力现代化水平明显提高，全社会发展活力和创新活力明显增强。

民主法治建设迈出重大步伐。积极发展社会主义民主政治，推进全面依法治国，党的领导、人民当家作主、依法治国有机统一的制度建设全面加强，党的领导体制机制不断完善，社会主义民主不断发展，党内民主更加广泛，社会主义协商民主全面展开，爱国统一战线巩固发展，民族宗教工作创新推进。科学立法、严格执法、公正司法、全民守法深入推进，法治国家、法治政府、法治社会建设相互促进，中国特色社会主义法治体系日益完善，全社会法治观念明显增强。国家监察体制改革试点取得实效，行政体制改革、司法体制改革、权力运行制约和监督体系建设有效实施。

思想文化建设取得重大进展。加强党对意识形态工作的领导，党的理论创新全面推进，马克思主义在意识形态领域的指导地位更加鲜明，中国特色社会主义和中国梦深入人心，社会主义核心价值观和中华优秀传统文化广泛弘扬，群众性精神文明创建活动扎实开展。公共文化服务水平不断提高，文艺创作持续繁荣，文化事业和文化产业蓬勃发展，互联网建设管理运用不断完善，全民健身和竞技体育全面发展。主旋律更加响亮，正能量更加强劲，文化自信得到彰显，国家文化软实力和中华文化影响力大幅提升，全党全社会思想上的团结统一更加巩固。

人民生活不断改善。深入贯彻以人民为中心的发展思想，一大批惠民举措落地实施，人民获得感显著增强。脱贫攻坚战取得决定性进展，六千多万贫困人口稳定脱贫，贫困发生率从百分之十点二下降到百分之四以下。教育事业全面发展，中西部和农村教育明显加强。就业状况持续改善，城镇新增就业年均一千三百万人以上。城乡居民收入增速超过经济增速，中等收入群体持续扩大。覆盖城乡居民的社会保障体系基本建立，人民健康和医疗卫生水平大幅提高，保障性住房建设稳步推进。社会治理体系更加完善，社会大局保持稳定，国家安全全面加强。

生态文明建设成效显著。大力度推进生态文明建设，全党全国贯彻绿色发展理念的自觉性和主动性显著增强，忽视生态环境保护的状况明显改变。生态文明制度体系加快形成，主体功能区制度逐步健全，国家公园体制试点积极推进。全面节约资源有效推进，能源资源消耗强度大幅下降。重大生态保护和修复工程进展顺利，森林覆盖率持续提高。生态环境治理明显加强，环境状况得到改善。引导应对气候变化国际合作，成为全球生态文明建设的重要参与者、贡献者、引领者。

强军兴军开创新局面。着眼于实现中国梦强军梦，制定新形势下军事战略方针，全力推进国防和军队现代化。召开古田全军政治工作会议，恢复和发扬我党我军光荣传统和优良作风，人民军队政治生态得到有效治理。国防和军队改革取得历史性突破，形成军委管总、战区主战、军种主建新格局，人民军队组织架构和力量体系实现革命性重塑。加强练兵备战，有效遂行海上维权、反恐维稳、抢险救灾、国际维和、亚丁湾护航、人道主义救援等重大任务，武器装备加快发展，军事斗争准备取得重大进展。人民军队在中国特色强军之路上迈出坚定步伐。

港澳台工作取得新进展。全面准确贯彻"一国两制"方针，牢牢掌握宪法和基本法赋予的中央对香港、澳门全面管治权，深化内地和港澳地区交流合作，保持香港、澳门繁荣稳定。坚持一个中国原则和"九二共识"，推动两岸关系和平发展，加强两岸经济文化交流合作，实现两岸领导人历史性会晤。妥善应对台湾局势变化，坚决反对和遏制"台独"分裂势力，有力维护台海和平稳定。

全方位外交布局深入展开。全面推进中国特色大国外交，形成全方位、多层次、立体化的外交布局，为我国发展营造了良好外部条件。实施共建"一带一路"倡议，发起创办亚洲基础设施投资银行，设立丝路基金，举办首届"一带一路"国际合作高峰论坛、亚太经合组织领导人非正式会议、二十国集团领导人杭州峰会、金砖国家领导人厦门会晤、亚信峰会。倡导构建人类命运共同体，促进全球治理体系变革。我国国际影响力、感召力、塑造力进一步提高，为世界和平与发展作出新的重大贡献。

全面从严治党成效卓著。全面加强党的领导和党的建设，坚决改变管党治党宽松软状况。推动全党尊崇党章，增强政治意识、大局意识、核心意识、看齐意识，坚决维护党中央权威和集中统一领导，严明党的政治纪律和政治规矩，层层落实管党治党政治责任。坚持照镜子、正衣冠、洗洗澡、治治病的要求，开展党的群众路线教育实践活动和"三严三实"专题教育，推进"两学一做"学习教育常态化制度化，全党理想信念更加坚定、党性更加坚强。贯彻新时期好干部标准，选人用人状况和风气明显好转。党的建设制度改革深入推进，党内法规制度体系不断完善。把纪律挺在前面，着力解决人民群众反映最强烈、对党的执政基础威胁最大的突出问题。出台中央八项规定，严厉整治形式主义、官僚主义、享乐主义和奢靡之风，坚决反对特权。巡视利剑作用彰显，实现中央和省级党委巡视全覆盖。坚持反腐败无禁区、全覆盖、零容忍，坚定不移"打虎"、"拍蝇"、"猎狐"，不敢腐的目标初步实现，不能腐的笼子越扎越牢，不想腐的堤坝正在构筑，反腐败斗争压倒性态势已经形成并巩固发展。

五年来的成就是全方位的、开创性的,五年来的变革是深层次的、根本性的。五年来,我们党以巨大的政治勇气和强烈的责任担当,提出一系列新理念新思想新战略,出台一系列重大方针政策,推出一系列重大举措,推进一系列重大工作,解决了许多长期想解决而没有解决的难题,办成了许多过去想办而没有办成的大事,推动党和国家事业发生历史性变革。这些历史性变革,对党和国家事业发展具有重大而深远的影响。

五年来,我们勇于面对党面临的重大风险考验和党内存在的突出问题,以顽强意志品质正风肃纪、反腐惩恶,消除了党和国家内部存在的严重隐患,党内政治生活气象更新,党内政治生态明显好转,党的创造力、凝聚力、战斗力显著增强,党的团结统一更加巩固,党群关系明显改善,党在革命性锻造中更加坚强,焕发出新的强大生机活力,为党和国家事业发展提供了坚强政治保证。

同时,必须清醒看到,我们的工作还存在许多不足,也面临不少困难和挑战。主要是:发展不平衡不充分的一些突出问题尚未解决,发展质量和效益还不高,创新能力不够强,实体经济水平有待提高,生态环境保护任重道远;民生领域还有不少短板,脱贫攻坚任务艰巨,城乡区域发展和收入分配差距依然较大,群众在就业、教育、医疗、居住、养老等方面面临不少难题;社会文明水平尚需提高;社会矛盾和问题交织叠加,全面依法治国任务依然繁重,国家治理体系和治理能力有待加强;意识形态领域斗争依然复杂,国家安全面临新情况;一些改革部署和重大政策措施需要进一步落实;党的建设方面还存在不少薄弱环节。这些问题,必须着力加以解决。

五年来的成就,是党中央坚强领导的结果,更是全党全国各族人民共同奋斗的结果。我代表中共中央,向全国各族人民,向各民主党派、各人民团体和各界爱国人士,向香港特别行政区同胞、澳门特别行政区同胞和台湾同胞以及广大侨胞,向关心和支持中国现代化建设的各国朋友，表示衷心的感谢！

同志们！改革开放之初，我们党发出了走自己的路、建设中国特色社会主义的伟大号召。从那时以来，我们党团结带领全国各族人民不懈奋斗，推动我国经济实力、科技实力、国防实力、综合国力进入世界前列，推动我国国际地位实现前所未有的提升，党的面貌、国家的面貌、人民的面貌、军队的面貌、中华民族的面貌发生了前所未有的变化，中华民族正以崭新姿态屹立于世界的东方。

经过长期努力，中国特色社会主义进入了新时代，这是我国发展新的历史方位。

中国特色社会主义进入新时代，意味着近代以来久经磨难的中华民族迎来了从站起来、富起来到强起来的伟大飞跃，迎来了实现中华民族伟大复兴的光明前景；意味着科学社会主义在二十一世纪的中国焕发出强大生机活力，在世界上高高举起了中国特色社会主义伟大旗帜；意味着中国特色社会主义道路、理论、制度、文化不断发展，拓展了发展中国家走向现代化的途径，给世界上那些既希望加快发展又希望保持自身独立性的国家和民族提供了全新选择，为解决人类问题贡献了中国智慧和中国方案。

这个新时代，是承前启后、继往开来、在新的历史条件下继续夺取中国特色社会主义伟大胜利的时代，是决胜全面建成小康社会、进而全面建设社会主义现代化强国的时代，是全国各族人民团结奋斗、不断创造美好生活、逐步实现全体人民共同富裕的时代，是全体中华儿女勠力同心、奋力实现中华民族伟大复兴中国梦的时代，是我国日益走近世界舞台中央、不断为人类作出更大贡献的时代。

中国特色社会主义进入新时代，我国社会主要矛盾已经转化为人民日益增长的美好生活需要和不平衡不充分的发展之间的矛盾。我国稳定解决了十几亿人的温饱问题，总体上实现小康，不久将全面建成小康社会，人民美好生活需要日益广泛，不仅对物质文化生活提出了更高要求,而且在民主、法治、公平、正义、安全、环境等方面的要求日益增长。同时,我国社会生产力水平总体上显著提高,社会生产能力在很多方面进入世界前列,更加突出的问题是发展不平衡不充分,这已经成为满足人民日益增长的美好生活需要的主要制约因素。

必须认识到,我国社会主要矛盾的变化是关系全局的历史性变化,对党和国家工作提出了许多新要求。我们要在继续推动发展的基础上,着力解决好发展不平衡不充分问题,大力提升发展质量和效益,更好满足人民在经济、政治、文化、社会、生态等方面日益增长的需要,更好推动人的全面发展、社会全面进步。

必须认识到,我国社会主要矛盾的变化,没有改变我们对我国社会主义所处历史阶段的判断,我国仍处于并将长期处于社会主义初级阶段的基本国情没有变,我国是世界最大发展中国家的国际地位没有变。全党要牢牢把握社会主义初级阶段这个基本国情,牢牢立足社会主义初级阶段这个最大实际,牢牢坚持党的基本路线这个党和国家的生命线、人民的幸福线,领导和团结全国各族人民,以经济建设为中心,坚持四项基本原则,坚持改革开放,自力更生,艰苦创业,为把我国建设成为富强民主文明和谐美丽的社会主义现代化强国而奋斗。

同志们!中国特色社会主义进入新时代,在中华人民共和国发展史上、中华民族发展史上具有重大意义,在世界社会主义发展史上、人类社会发展史上也具有重大意义。全党要坚定信心、奋发有为,让中国特色社会主义展现出更加强大的生命力!

二、新时代中国共产党的历史使命

一百年前,十月革命一声炮响,给中国送来了马克思列宁主义。中国先进分子从马克思列宁主义的科学真理中看到了解决中国问题的出路。在近代以后中国社会的剧烈运动中,在中国人民反抗封建统治和外来侵略的激烈斗争中,在马克思列宁主义同中国工人运动的结合过程中，一九二一年中国共产党应运而生。从此，中国人民谋求民族独立、人民解放和国家富强、人民幸福的斗争就有了主心骨，中国人民就从精神上由被动转为主动。

中华民族有五千多年的文明历史，创造了灿烂的中华文明，为人类作出了卓越贡献，成为世界上伟大的民族。鸦片战争后，中国陷入内忧外患的黑暗境地，中国人民经历了战乱频仍、山河破碎、民不聊生的深重苦难。为了民族复兴，无数仁人志士不屈不挠、前仆后继，进行了可歌可泣的斗争，进行了各式各样的尝试，但终究未能改变旧中国的社会性质和中国人民的悲惨命运。

实现中华民族伟大复兴是近代以来中华民族最伟大的梦想。中国共产党一经成立，就把实现共产主义作为党的最高理想和最终目标，义无反顾肩负起实现中华民族伟大复兴的历史使命，团结带领人民进行了艰苦卓绝的斗争，谱写了气吞山河的壮丽史诗。

我们党深刻认识到，实现中华民族伟大复兴，必须推翻压在中国人民头上的帝国主义、封建主义、官僚资本主义三座大山，实现民族独立、人民解放、国家统一、社会稳定。我们党团结带领人民找到了一条以农村包围城市、武装夺取政权的正确革命道路，进行了二十八年浴血奋战，完成了新民主主义革命，一九四九年建立了中华人民共和国，实现了中国从几千年封建专制政治向人民民主的伟大飞跃。

我们党深刻认识到，实现中华民族伟大复兴，必须建立符合我国实际的先进社会制度。我们党团结带领人民完成社会主义革命，确立社会主义基本制度，推进社会主义建设，完成了中华民族有史以来最为广泛而深刻的社会变革，为当代中国一切发展进步奠定了根本政治前提和制度基础，实现了中华民族由近代不断衰落到根本扭转命运、持续走向繁荣富强的伟大飞跃。

我们党深刻认识到，实现中华民族伟大复兴，必须合乎时代潮流、顺应人民意愿，勇于改革开放，让党和人民事业始终充满奋勇前进的强大动力。我们党团结带领人民进行改革开放新的伟大革命，破除阻碍国家和民族发展的一切思想和体制障碍，开辟了中国特色社会主义道路，使中国大踏步赶上时代。

九十六年来，为了实现中华民族伟大复兴的历史使命，无论是弱小还是强大，无论是顺境还是逆境，我们党都初心不改、矢志不渝，团结带领人民历经千难万险，付出巨大牺牲，敢于面对曲折，勇于修正错误，攻克了一个又一个看似不可攻克的难关，创造了一个又一个彪炳史册的人间奇迹。

同志们！今天，我们比历史上任何时期都更接近、更有信心和能力实现中华民族伟大复兴的目标。

行百里者半九十。中华民族伟大复兴，绝不是轻轻松松、敲锣打鼓就能实现的。全党必须准备付出更为艰巨、更为艰苦的努力。

实现伟大梦想，必须进行伟大斗争。社会是在矛盾运动中前进的，有矛盾就会有斗争。我们党要团结带领人民有效应对重大挑战、抵御重大风险、克服重大阻力、解决重大矛盾，必须进行具有许多新的历史特点的伟大斗争，任何贪图享受、消极懈怠、回避矛盾的思想和行为都是错误的。全党要更加自觉地坚持党的领导和我国社会主义制度，坚决反对一切削弱、歪曲、否定党的领导和我国社会主义制度的言行；更加自觉地维护人民利益，坚决反对一切损害人民利益、脱离群众的行为；更加自觉地投身改革创新时代潮流，坚决破除一切顽瘴痼疾；更加自觉地维护我国主权、安全、发展利益，坚决反对一切分裂祖国、破坏民族团结和社会和谐稳定的行为；更加自觉地防范各种风险，坚决战胜一切在政治、经济、文化、社会等领域和自然界出现的困难和挑战。全党要充分认识这场伟大斗争的长期性、复杂性、艰巨性，发扬斗争精神，提高斗争本领，不断夺取伟大斗争新胜利。

实现伟大梦想，必须建设伟大工程。这个伟大工程就是我们党正在深入推进的党的建设新的伟大工程。历史已经并将继续证明，没有中国共产党的领导，民族复兴必然是空想。我们党要始终成为时代先锋、民族脊梁，始终成为马克思主义执政党，自身必须始终过硬。全党要更加自觉地坚定党性原则，勇于直面问题，敢于刮骨疗毒，消除一切损害党的先进性和纯洁性的因素，清除一切侵蚀党的健康肌体的病毒，不断增强党的政治领导力、思想引领力、群众组织力、社会号召力，确保我们党永葆旺盛生命力和强大战斗力。

实现伟大梦想，必须推进伟大事业。中国特色社会主义是改革开放以来党的全部理论和实践的主题，是党和人民历尽千辛万苦、付出巨大代价取得的根本成就。中国特色社会主义道路是实现社会主义现代化、创造人民美好生活的必由之路，中国特色社会主义理论体系是指导党和人民实现中华民族伟大复兴的正确理论，中国特色社会主义制度是当代中国发展进步的根本制度保障，中国特色社会主义文化是激励全党全国各族人民奋勇前进的强大精神力量。全党要更加自觉地增强道路自信、理论自信、制度自信、文化自信，既不走封闭僵化的老路，也不走改旗易帜的邪路，保持政治定力，坚持实干兴邦，始终坚持和发展中国特色社会主义。

伟大斗争，伟大工程，伟大事业，伟大梦想，紧密联系、相互贯通、相互作用，其中起决定性作用的是党的建设新的伟大工程。推进伟大工程，要结合伟大斗争、伟大事业、伟大梦想的实践来进行，确保党在世界形势深刻变化的历史进程中始终走在时代前列，在应对国内外各种风险和考验的历史进程中始终成为全国人民的主心骨，在坚持和发展中国特色社会主义的历史进程中始终成为坚强领导核心。

同志们！使命呼唤担当，使命引领未来。我们要不负人民重托、无愧历史选择，在新时代中国特色社会主义的伟大实践中，以党的坚强领导和顽强奋斗，激励全体中华儿女不断奋进，凝聚起同心共筑中国梦的磅礴力量！

三、新时代中国特色社会主义思想和基本方略

十八大以来，国内外形势变化和我国各项事业发展都给我们提出了一个重大时代课题，这就是必须从理论和实践结合上系统回答新时代坚持和发展什么样的中国特色社会主义、怎样坚持和发展中国特色社会主义，包括新时代坚持和发展中国特色社会主义的总目标、总任务、总体布局、战略布局和发展方向、发展方式、发展动力、战略步骤、外部条件、政治保证等基本问题，并且要根据新的实践对经济、政治、法治、科技、文化、教育、民生、民族、宗教、社会、生态文明、国家安全、国防和军队、"一国两制"和祖国统一、统一战线、外交、党的建设等各方面作出理论分析和政策指导，以利于更好坚持和发展中国特色社会主义。

围绕这个重大时代课题，我们党坚持以马克思列宁主义、毛泽东思想、邓小平理论、"三个代表"重要思想、科学发展观为指导，坚持解放思想、实事求是、与时俱进、求真务实，坚持辩证唯物主义和历史唯物主义，紧密结合新的时代条件和实践要求，以全新的视野深化对共产党执政规律、社会主义建设规律、人类社会发展规律的认识，进行艰辛理论探索，取得重大理论创新成果，形成了新时代中国特色社会主义思想。

新时代中国特色社会主义思想，明确坚持和发展中国特色社会主义，总任务是实现社会主义现代化和中华民族伟大复兴，在全面建成小康社会的基础上，分两步走在本世纪中叶建成富强民主文明和谐美丽的社会主义现代化强国；明确新时代我国社会主要矛盾是人民日益增长的美好生活需要和不平衡不充分的发展之间的矛盾，必须坚持以人民为中心的发展思想，不断促进人的全面发展、全体人民共同富裕；明确中国特色社会主义事业总体布局是"五位一体"、战略布局是"四个全面"，强调坚定道路自信、理论自信、制度自信、文化自信；明确全面深化改革总目标是完善和发展中国特色社会主义制度、推进国家治理体系和治理能力现代化；明确全面推进依法治国总目标是建设中国特色社会主义法治体系、建设社会主义法治国家；明确党在新时代的强军目标是建设一支听党指挥、能打胜仗、作风优良的人民军队，把人民军队建设成为世界一流军队；明确中国特色大国外交要推动构建新型国际关系，推动构建人类命运共同体；明确中国特色社会主义最本质的特征是中国共产党领导，中国特色社会主义制度的最大优势是中国共产党领导，党是最高政治领导力量，提出新时代党的建设总要求，突出政治建设在党的建设中的重要地位。

新时代中国特色社会主义思想，是对马克思列宁主义、毛泽东思想、邓小平理论、"三个代表"重要思想、科学发展观的继承和发展，是马克思主义中国化最新成果，是党和人民实践经验和集体智慧的结晶，是中国特色社会主义理论体系的重要组成部分，是全党全国人民为实现中华民族伟大复兴而奋斗的行动指南，必须长期坚持并不断发展。

全党要深刻领会新时代中国特色社会主义思想的精神实质和丰富内涵，在各项工作中全面准确贯彻落实。

（一）坚持党对一切工作的领导。党政军民学，东西南北中，党是领导一切的。必须增强政治意识、大局意识、核心意识、看齐意识，自觉维护党中央权威和集中统一领导，自觉在思想上政治上行动上同党中央保持高度一致，完善坚持党的领导的体制机制，坚持稳中求进工作总基调，统筹推进"五位一体"总体布局，协调推进"四个全面"战略布局，提高党把方向、谋大局、定政策、促改革的能力和定力，确保党始终总揽全局、协调各方。

（二）坚持以人民为中心。人民是历史的创造者，是决定党和国家前途命运的根本力量。必须坚持人民主体地位，坚持立党为公、执政为民，践行全心全意为人民服务的根本宗旨，把党的群众路线贯彻到治国理政全部活动之中，把人民对美好生活的向往作为奋斗目标，依靠人民创造历史伟业。

（三）坚持全面深化改革。只有社会主义才能救中国，只有改革开放才能发展中国、发展社会主义、发展马克思主义。必须坚持和完善中国特色社会主义制度，不断推进国家治理体系和治理能力现代化，坚决破除一切不合时宜的思想观念和体制机制弊端，突破利益固化的藩篱，吸收人类文明有益成果，构建系统完备、科学规范、运行有效的制度体系，充分发挥我国社会主义制度优越性。

（四）坚持新发展理念。发展是解决我国一切问题的基础和关键，发展必须是科学发展，必须坚定不移贯彻创新、协调、绿色、开放、共享的发展理念。必须坚持和完善我国社会主义基本经济制度和分配制度，毫不动摇巩固和发展公有制经济，毫不动摇鼓励、支持、引导非公有制经济发展，使市场在资源配置中起决定性作用，更好发挥政府作用，推动新型工业化、信息化、城镇化、农业现代化同步发展，主动参与和推动经济全球化进程，发展更高层次的开放型经济，不断壮大我国经济实力和综合国力。

（五）坚持人民当家作主。坚持党的领导、人民当家作主、依法治国有机统一是社会主义政治发展的必然要求。必须坚持中国特色社会主义政治发展道路，坚持和完善人民代表大会制度、中国共产党领导的多党合作和政治协商制度、民族区域自治制度、基层群众自治制度，巩固和发展最广泛的爱国统一战线，发展社会主义协商民主，健全民主制度，丰富民主形式，拓宽民主渠道，保证人民当家作主落实到国家政治生活和社会生活之中。

（六）坚持全面依法治国。全面依法治国是中国特色社会主义的本质要求和重要保障。必须把党的领导贯彻落实到依法治国全过程和各方面，坚定不移走中国特色社会主义法治道路，完善以宪法为核心的中国特色社会主义法律体系，建设中国特色社会主义法治体系，建设社会主义法治国家，发展中国特色社会主义法治理论，坚持依法治国、依法执政、依法行政共同推进,坚持法治国家、法治政府、法治社会一体建设,坚持依法治国和以德治国相结合,依法治国和依规治党有机统一,深化司法体制改革,提高全民族法治素养和道德素质。

（七）**坚持社会主义核心价值体系**。文化自信是一个国家、一个民族发展中更基本、更深沉、更持久的力量。必须坚持马克思主义,牢固树立共产主义远大理想和中国特色社会主义共同理想,培育和践行社会主义核心价值观,不断增强意识形态领域主导权和话语权,推动中华优秀传统文化创造性转化、创新性发展,继承革命文化,发展社会主义先进文化,不忘本来、吸收外来、面向未来,更好构筑中国精神、中国价值、中国力量,为人民提供精神指引。

（八）**坚持在发展中保障和改善民生**。增进民生福祉是发展的根本目的。必须多谋民生之利、多解民生之忧,在发展中补齐民生短板、促进社会公平正义,在幼有所育、学有所教、劳有所得、病有所医、老有所养、住有所居、弱有所扶上不断取得新进展,深入开展脱贫攻坚,保证全体人民在共建共享发展中有更多获得感,不断促进人的全面发展、全体人民共同富裕。建设平安中国,加强和创新社会治理,维护社会和谐稳定,确保国家长治久安、人民安居乐业。

（九）**坚持人与自然和谐共生**。建设生态文明是中华民族永续发展的千年大计。必须树立和践行绿水青山就是金山银山的理念,坚持节约资源和保护环境的基本国策,像对待生命一样对待生态环境,统筹山水林田湖草系统治理,实行最严格的生态环境保护制度,形成绿色发展方式和生活方式,坚定走生产发展、生活富裕、生态良好的文明发展道路,建设美丽中国,为人民创造良好生产生活环境,为全球生态安全作出贡献。

（十）**坚持总体国家安全观**。统筹发展和安全,增强忧患意识,做到居安思危,是我们党治国理政的一个重大原则。必须坚持国家利益至上,以人民安全为宗旨,以政治安全为根本,统筹外部安全和内部安全、国土安全和国民安全、传统安全和非传统安全、自身安全和共同安全，完善国家安全制度体系，加强国家安全能力建设，坚决维护国家主权、安全、发展利益。

（十一）坚持党对人民军队的绝对领导。建设一支听党指挥、能打胜仗、作风优良的人民军队，是实现"两个一百年"奋斗目标、实现中华民族伟大复兴的战略支撑。必须全面贯彻党领导人民军队的一系列根本原则和制度，确立新时代党的强军思想在国防和军队建设中的指导地位，坚持政治建军、改革强军、科技兴军、依法治军，更加注重聚焦实战，更加注重创新驱动，更加注重体系建设，更加注重集约高效，更加注重军民融合，实现党在新时代的强军目标。

（十二）坚持"一国两制"和推进祖国统一。保持香港、澳门长期繁荣稳定，实现祖国完全统一，是实现中华民族伟大复兴的必然要求。必须把维护中央对香港、澳门特别行政区全面管治权和保障特别行政区高度自治权有机结合起来，确保"一国两制"方针不会变、不动摇，确保"一国两制"实践不变形、不走样。必须坚持一个中国原则，坚持"九二共识"，推动两岸关系和平发展，深化两岸经济合作和文化往来，推动两岸同胞共同反对一切分裂国家的活动，共同为实现中华民族伟大复兴而奋斗。

（十三）坚持推动构建人类命运共同体。中国人民的梦想同各国人民的梦想息息相通，实现中国梦离不开和平的国际环境和稳定的国际秩序。必须统筹国内国际两个大局，始终不渝走和平发展道路、奉行互利共赢的开放战略，坚持正确义利观，树立共同、综合、合作、可持续的新安全观，谋求开放创新、包容互惠的发展前景，促进和而不同、兼收并蓄的文明交流，构筑尊崇自然、绿色发展的生态体系，始终做世界和平的建设者、全球发展的贡献者、国际秩序的维护者。

（十四）坚持全面从严治党。勇于自我革命，从严管党治党，是我们党最鲜明的品格。必须以党章为根本遵循，把党的政治建设摆在首位,思想建党和制度治党同向发力,统筹推进党的各项建设,抓住"关键少数",坚持"三严三实",坚持民主集中制,严肃党内政治生活,严明党的纪律,强化党内监督,发展积极健康的党内政治文化,全面净化党内政治生态,坚决纠正各种不正之风,以零容忍态度惩治腐败,不断增强党自我净化、自我完善、自我革新、自我提高的能力,始终保持党同人民群众的血肉联系。

以上十四条,构成新时代坚持和发展中国特色社会主义的基本方略。全党同志必须全面贯彻党的基本理论、基本路线、基本方略,更好引领党和人民事业发展。

实践没有止境,理论创新也没有止境。世界每时每刻都在发生变化,中国也每时每刻都在发生变化,我们必须在理论上跟上时代,不断认识规律,不断推进理论创新、实践创新、制度创新、文化创新以及其他各方面创新。

同志们!时代是思想之母,实践是理论之源。只要我们善于聆听时代声音,勇于坚持真理、修正错误,二十一世纪中国的马克思主义一定能够展现出更强大、更有说服力的真理力量!

四、决胜全面建成小康社会,开启全面建设社会主义现代化国家新征程

改革开放之后,我们党对我国社会主义现代化建设作出战略安排,提出"三步走"战略目标。解决人民温饱问题、人民生活总体上达到小康水平这两个目标已提前实现。在这个基础上,我们党提出,到建党一百年时建成经济更加发展、民主更加健全、科教更加进步、文化更加繁荣、社会更加和谐、人民生活更加殷实的小康社会,然后再奋斗三十年,到新中国成立一百年时,基本实现现代化,把我国建成社会主义现代化国家。

从现在到二〇二〇年,是全面建成小康社会决胜期。要按照十六大、十七大、十八大提出的全面建成小康社会各项要求，紧扣我国社会主要矛盾变化，统筹推进经济建设、政治建设、文化建设、社会建设、生态文明建设，坚定实施科教兴国战略、人才强国战略、创新驱动发展战略、乡村振兴战略、区域协调发展战略、可持续发展战略、军民融合发展战略，突出抓重点、补短板、强弱项，特别是要坚决打好防范化解重大风险、精准脱贫、污染防治的攻坚战，使全面建成小康社会得到人民认可、经得起历史检验。

从十九大到二十大，是"两个一百年"奋斗目标的历史交汇期。我们既要全面建成小康社会、实现第一个百年奋斗目标，又要乘势而上开启全面建设社会主义现代化国家新征程，向第二个百年奋斗目标进军。

综合分析国际国内形势和我国发展条件，从二〇二〇年到本世纪中叶可以分两个阶段来安排。

第一个阶段，从二〇二〇年到二〇三五年，在全面建成小康社会的基础上，再奋斗十五年，基本实现社会主义现代化。到那时，我国经济实力、科技实力将大幅跃升，跻身创新型国家前列；人民平等参与、平等发展权利得到充分保障，法治国家、法治政府、法治社会基本建成，各方面制度更加完善，国家治理体系和治理能力现代化基本实现；社会文明程度达到新的高度，国家文化软实力显著增强，中华文化影响更加广泛深入；人民生活更为宽裕，中等收入群体比例明显提高，城乡区域发展差距和居民生活水平差距显著缩小，基本公共服务均等化基本实现，全体人民共同富裕迈出坚实步伐；现代社会治理格局基本形成，社会充满活力又和谐有序；生态环境根本好转，美丽中国目标基本实现。

第二个阶段，从二〇三五年到本世纪中叶，在基本实现现代化的基础上，再奋斗十五年，把我国建成富强民主文明和谐美丽的社会主义现代化强国。到那时，我国物质文明、政治文明、精神文明、社会文明、生态文明将全面提升,实现国家治理体系和治理能力现代化,成为综合国力和国际影响力领先的国家,全体人民共同富裕基本实现,我国人民将享有更加幸福安康的生活,中华民族将以更加昂扬的姿态屹立于世界民族之林。

同志们!从全面建成小康社会到基本实现现代化,再到全面建成社会主义现代化强国,是新时代中国特色社会主义发展的战略安排。我们要坚忍不拔、锲而不舍,奋力谱写社会主义现代化新征程的壮丽篇章!

五、贯彻新发展理念,建设现代化经济体系

实现"两个一百年"奋斗目标、实现中华民族伟大复兴的中国梦,不断提高人民生活水平,必须坚定不移把发展作为党执政兴国的第一要务,坚持解放和发展社会生产力,坚持社会主义市场经济改革方向,推动经济持续健康发展。

我国经济已由高速增长阶段转向高质量发展阶段,正处在转变发展方式、优化经济结构、转换增长动力的攻关期,建设现代化经济体系是跨越关口的迫切要求和我国发展的战略目标。必须坚持质量第一、效益优先,以供给侧结构性改革为主线,推动经济发展质量变革、效率变革、动力变革,提高全要素生产率,着力加快建设实体经济、科技创新、现代金融、人力资源协同发展的产业体系,着力构建市场机制有效、微观主体有活力、宏观调控有度的经济体制,不断增强我国经济创新力和竞争力。

(一)**深化供给侧结构性改革**。建设现代化经济体系,必须把发展经济的着力点放在实体经济上,把提高供给体系质量作为主攻方向,显著增强我国经济质量优势。加快建设制造强国,加快发展先进制造业,推动互联网、大数据、人工智能和实体经济深度融合,在中高端消费、创新引领、绿色低碳、共享经济、现代供应链、人力资本服务等领域培育新增长点、形成新动能。支持传统产业优化升级，加快发展现代服务业，瞄准国际标准提高水平。促进我国产业迈向全球价值链中高端，培育若干世界级先进制造业集群。加强水利、铁路、公路、水运、航空、管道、电网、信息、物流等基础设施网络建设。坚持去产能、去库存、去杠杆、降成本、补短板，优化存量资源配置，扩大优质增量供给，实现供需动态平衡。激发和保护企业家精神，鼓励更多社会主体投身创新创业。建设知识型、技能型、创新型劳动者大军，弘扬劳模精神和工匠精神，营造劳动光荣的社会风尚和精益求精的敬业风气。

（二）加快建设创新型国家。创新是引领发展的第一动力，是建设现代化经济体系的战略支撑。要瞄准世界科技前沿，强化基础研究，实现前瞻性基础研究、引领性原创成果重大突破。加强应用基础研究，拓展实施国家重大科技项目，突出关键共性技术、前沿引领技术、现代工程技术、颠覆性技术创新，为建设科技强国、质量强国、航天强国、网络强国、交通强国、数字中国、智慧社会提供有力支撑。加强国家创新体系建设，强化战略科技力量。深化科技体制改革，建立以企业为主体、市场为导向、产学研深度融合的技术创新体系，加强对中小企业创新的支持，促进科技成果转化。倡导创新文化，强化知识产权创造、保护、运用。培养造就一大批具有国际水平的战略科技人才、科技领军人才、青年科技人才和高水平创新团队。

（三）实施乡村振兴战略。农业农村农民问题是关系国计民生的根本性问题，必须始终把解决好"三农"问题作为全党工作重中之重。要坚持农业农村优先发展，按照产业兴旺、生态宜居、乡风文明、治理有效、生活富裕的总要求，建立健全城乡融合发展体制机制和政策体系，加快推进农业农村现代化。巩固和完善农村基本经营制度，深化农村土地制度改革，完善承包地"三权"分置制度。保持土地承包关系稳定并长久不变，第二轮土地承包到期后再延长三十年。深化农村集体产权制度改革，保障农民财产权益，壮大集体经济。确保国家粮食安全，把中国人的饭碗牢牢端在自己手中。构建现代农业产业体系、生产体系、经营体系，完善农业支持保护制度，发展多种形式适度规模经营，培育新型农业经营主体，健全农业社会化服务体系，实现小农户和现代农业发展有机衔接。促进农村一二三产业融合发展，支持和鼓励农民就业创业，拓宽增收渠道。加强农村基层基础工作，健全自治、法治、德治相结合的乡村治理体系。培养造就一支懂农业、爱农村、爱农民的"三农"工作队伍。

（四）**实施区域协调发展战略**。加大力度支持革命老区、民族地区、边疆地区、贫困地区加快发展，强化举措推进西部大开发形成新格局，深化改革加快东北等老工业基地振兴，发挥优势推动中部地区崛起，创新引领率先实现东部地区优化发展，建立更加有效的区域协调发展新机制。以城市群为主体构建大中小城市和小城镇协调发展的城镇格局，加快农业转移人口市民化。以疏解北京非首都功能为"牛鼻子"推动京津冀协同发展，高起点规划、高标准建设雄安新区。以共抓大保护、不搞大开发为导向推动长江经济带发展。支持资源型地区经济转型发展。加快边疆发展，确保边疆巩固、边境安全。坚持陆海统筹，加快建设海洋强国。

（五）**加快完善社会主义市场经济体制**。经济体制改革必须以完善产权制度和要素市场化配置为重点，实现产权有效激励、要素自由流动、价格反应灵活、竞争公平有序、企业优胜劣汰。要完善各类国有资产管理体制，改革国有资本授权经营体制，加快国有经济布局优化、结构调整、战略性重组，促进国有资产保值增值，推动国有资本做强做优做大，有效防止国有资产流失。深化国有企业改革，发展混合所有制经济，培育具有全球竞争力的世界一流企业。全面实施市场准入负面清单制度，清理废除妨碍统一市场和公平竞争的各种规定和做法，支持民营企业发展，激发各类市场主体活力。深化商事制度改革，打破行政性垄断，防止市场垄断，加快要素价格市场化改革，放宽服务业准入限制，完善市场监管体制。创新和完善宏观调控，发挥国家发展规划的战略导向作用，健全财政、货币、产业、区域等经济政策协调机制。完善促进消费的体制机制，增强消费对经济发展的基础性作用。深化投融资体制改革，发挥投资对优化供给结构的关键性作用。加快建立现代财政制度，建立权责清晰、财力协调、区域均衡的中央和地方财政关系。建立全面规范透明、标准科学、约束有力的预算制度，全面实施绩效管理。深化税收制度改革，健全地方税体系。深化金融体制改革，增强金融服务实体经济能力，提高直接融资比重，促进多层次资本市场健康发展。健全货币政策和宏观审慎政策双支柱调控框架，深化利率和汇率市场化改革。健全金融监管体系，守住不发生系统性金融风险的底线。

（六）推动形成全面开放新格局。开放带来进步，封闭必然落后。中国开放的大门不会关闭，只会越开越大。要以"一带一路"建设为重点，坚持引进来和走出去并重，遵循共商共建共享原则，加强创新能力开放合作，形成陆海内外联动、东西双向互济的开放格局。拓展对外贸易，培育贸易新业态新模式，推进贸易强国建设。实行高水平的贸易和投资自由化便利化政策，全面实行准入前国民待遇加负面清单管理制度，大幅度放宽市场准入，扩大服务业对外开放，保护外商投资合法权益。凡是在我国境内注册的企业，都要一视同仁、平等对待。优化区域开放布局，加大西部开放力度。赋予自由贸易试验区更大改革自主权，探索建设自由贸易港。创新对外投资方式，促进国际产能合作，形成面向全球的贸易、投融资、生产、服务网络，加快培育国际经济合作和竞争新优势。

同志们！解放和发展社会生产力，是社会主义的本质要求。我们要激发全社会创造力和发展活力，努力实现更高质量、更有效率、更加公平、更可持续的发展！

六、健全人民当家作主制度体系，发展社会主义民主政治

我国是工人阶级领导的、以工农联盟为基础的人民民主专政的社会主义国家，国家一切权力属于人民。我国社会主义民主是维护人民根本利益的最广泛、最真实、最管用的民主。发展社会主义民主政治就是要体现人民意志、保障人民权益、激发人民创造活力，用制度体系保证人民当家作主。

中国特色社会主义政治发展道路，是近代以来中国人民长期奋斗历史逻辑、理论逻辑、实践逻辑的必然结果，是坚持党的本质属性、践行党的根本宗旨的必然要求。世界上没有完全相同的政治制度模式，政治制度不能脱离特定社会政治条件和历史文化传统来抽象评判，不能定于一尊，不能生搬硬套外国政治制度模式。要长期坚持、不断发展我国社会主义民主政治，积极稳妥推进政治体制改革，推进社会主义民主政治制度化、规范化、程序化，保证人民依法通过各种途径和形式管理国家事务，管理经济文化事业，管理社会事务，巩固和发展生动活泼、安定团结的政治局面。

（一）**坚持党的领导、人民当家作主、依法治国有机统一**。党的领导是人民当家作主和依法治国的根本保证，人民当家作主是社会主义民主政治的本质特征，依法治国是党领导人民治理国家的基本方式，三者统一于我国社会主义民主政治伟大实践。在我国政治生活中，党是居于领导地位的，加强党的集中统一领导，支持人大、政府、政协和法院、检察院依法依章程履行职能、开展工作、发挥作用，这两个方面是统一的。要改进党的领导方式和执政方式，保证党领导人民有效治理国家；扩大人民有序政治参与，保证人民依法实行民主选举、民主协商、民主决策、民主管理、民主监督；维护国家法制统一、尊严、权威，加强人权法治保障，保证人民依法享有广泛权利和自由。巩固基层政权，完善基层民主制度，保障人民知情权、参与权、表达权、

监督权。健全依法决策机制，构建决策科学、执行坚决、监督有力的权力运行机制。各级领导干部要增强民主意识，发扬民主作风，接受人民监督，当好人民公仆。

（二）加强人民当家作主制度保障。人民代表大会制度是坚持党的领导、人民当家作主、依法治国有机统一的根本政治制度安排，必须长期坚持、不断完善。要支持和保证人民通过人民代表大会行使国家权力。发挥人大及其常委会在立法工作中的主导作用，健全人大组织制度和工作制度，支持和保证人大依法行使立法权、监督权、决定权、任免权，更好发挥人大代表作用，使各级人大及其常委会成为全面担负起宪法法律赋予的各项职责的工作机关，成为同人民群众保持密切联系的代表机关。完善人大专门委员会设置，优化人大常委会和专门委员会组成人员结构。

（三）发挥社会主义协商民主重要作用。有事好商量，众人的事情由众人商量，是人民民主的真谛。协商民主是实现党的领导的重要方式，是我国社会主义民主政治的特有形式和独特优势。要推动协商民主广泛、多层、制度化发展，统筹推进政党协商、人大协商、政府协商、政协协商、人民团体协商、基层协商以及社会组织协商。加强协商民主制度建设，形成完整的制度程序和参与实践，保证人民在日常政治生活中有广泛持续深入参与的权利。

人民政协是具有中国特色的制度安排，是社会主义协商民主的重要渠道和专门协商机构。人民政协工作要聚焦党和国家中心任务，围绕团结和民主两大主题，把协商民主贯穿政治协商、民主监督、参政议政全过程，完善协商议政内容和形式，着力增进共识、促进团结。加强人民政协民主监督，重点监督党和国家重大方针政策和重要决策部署的贯彻落实。增强人民政协界别的代表性，加强委员队伍建设。

（四）深化依法治国实践。全面依法治国是国家治理的一场深刻革命，必须坚持厉行法治，推进科学立法、严格执法、公正司法、全民守法。成立中央全面依法治国领导小组，加强对法治中国建设的统一领导。加强宪法实施和监督，推进合宪性审查工作，维护宪法权威。推进科学立法、民主立法、依法立法，以良法促进发展、保障善治。建设法治政府，推进依法行政，严格规范公正文明执法。深化司法体制综合配套改革，全面落实司法责任制，努力让人民群众在每一个司法案件中感受到公平正义。加大全民普法力度，建设社会主义法治文化，树立宪法法律至上、法律面前人人平等的法治理念。各级党组织和全体党员要带头尊法学法守法用法，任何组织和个人都不得有超越宪法法律的特权，绝不允许以言代法、以权压法、逐利违法、徇私枉法。

（五）**深化机构和行政体制改革**。统筹考虑各类机构设置，科学配置党政部门及内设机构权力、明确职责。统筹使用各类编制资源，形成科学合理的管理体制，完善国家机构组织法。转变政府职能，深化简政放权，创新监管方式，增强政府公信力和执行力，建设人民满意的服务型政府。赋予省级及以下政府更多自主权。在省市县对职能相近的党政机关探索合并设立或合署办公。深化事业单位改革，强化公益属性，推进政事分开、事企分开、管办分离。

（六）**巩固和发展爱国统一战线**。统一战线是党的事业取得胜利的重要法宝，必须长期坚持。要高举爱国主义、社会主义旗帜，牢牢把握大团结大联合的主题，坚持一致性和多样性统一，找到最大公约数，画出最大同心圆。坚持长期共存、互相监督、肝胆相照、荣辱与共，支持民主党派按照中国特色社会主义参政党要求更好履行职能。全面贯彻党的民族政策，深化民族团结进步教育，铸牢中华民族共同体意识，加强各民族交往交流交融，促进各民族像石榴籽一样紧紧抱在一起，共同团结奋斗、共同繁荣发展。全面贯彻党的宗教工作基本方针，坚持我国宗教的中国化方向，积极引导宗教与社会主义社会相适应。加强党外知识分子工作，做好新的社会阶层人士工作，发挥他们在中国特色社会主义事业中的重要作用。构建亲清新型政商关系，促进非公有制经济健康发展和非公有制经济人士健康成长。广泛团结联系海外侨胞和归侨侨眷,共同致力于中华民族伟大复兴。

同志们!中国特色社会主义政治制度是中国共产党和中国人民的伟大创造。我们完全有信心、有能力把我国社会主义民主政治的优势和特点充分发挥出来,为人类政治文明进步作出充满中国智慧的贡献!

七、坚定文化自信,推动社会主义文化繁荣兴盛

文化是一个国家、一个民族的灵魂。文化兴国运兴,文化强民族强。没有高度的文化自信,没有文化的繁荣兴盛,就没有中华民族伟大复兴。要坚持中国特色社会主义文化发展道路,激发全民族文化创新创造活力,建设社会主义文化强国。

中国特色社会主义文化,源自于中华民族五千多年文明历史所孕育的中华优秀传统文化,熔铸于党领导人民在革命、建设、改革中创造的革命文化和社会主义先进文化,植根于中国特色社会主义伟大实践。发展中国特色社会主义文化,就是以马克思主义为指导,坚守中华文化立场,立足当代中国现实,结合当今时代条件,发展面向现代化、面向世界、面向未来的,民族的科学的大众的社会主义文化,推动社会主义精神文明和物质文明协调发展。要坚持为人民服务、为社会主义服务,坚持百花齐放、百家争鸣,坚持创造性转化、创新性发展,不断铸就中华文化新辉煌。

(一)**牢牢掌握意识形态工作领导权**。意识形态决定文化前进方向和发展道路。必须推进马克思主义中国化时代化大众化,建设具有强大凝聚力和引领力的社会主义意识形态,使全体人民在理想信念、价值理念、道德观念上紧紧团结在一起。要加强理论武装,推动新时代中国特色社会主义思想深入人心。深化马克思主义理论研究和建设,加快构建中国特色哲学社会科学,加强中国特色新型智库建设。坚持

正确舆论导向，高度重视传播手段建设和创新，提高新闻舆论传播力、引导力、影响力、公信力。加强互联网内容建设，建立网络综合治理体系，营造清朗的网络空间。落实意识形态工作责任制，加强阵地建设和管理，注意区分政治原则问题、思想认识问题、学术观点问题，旗帜鲜明反对和抵制各种错误观点。

（二）**培育和践行社会主义核心价值观**。社会主义核心价值观是当代中国精神的集中体现，凝结着全体人民共同的价值追求。要以培养担当民族复兴大任的时代新人为着眼点，强化教育引导、实践养成、制度保障，发挥社会主义核心价值观对国民教育、精神文明创建、精神文化产品创作生产传播的引领作用，把社会主义核心价值观融入社会发展各方面，转化为人们的情感认同和行为习惯。坚持全民行动、干部带头，从家庭做起，从娃娃抓起。深入挖掘中华优秀传统文化蕴含的思想观念、人文精神、道德规范，结合时代要求继承创新，让中华文化展现出永久魅力和时代风采。

（三）**加强思想道德建设**。人民有信仰，国家有力量，民族有希望。要提高人民思想觉悟、道德水准、文明素养，提高全社会文明程度。广泛开展理想信念教育，深化中国特色社会主义和中国梦宣传教育，弘扬民族精神和时代精神，加强爱国主义、集体主义、社会主义教育，引导人们树立正确的历史观、民族观、国家观、文化观。深入实施公民道德建设工程，推进社会公德、职业道德、家庭美德、个人品德建设，激励人们向上向善、孝老爱亲，忠于祖国、忠于人民。加强和改进思想政治工作，深化群众性精神文明创建活动。弘扬科学精神，普及科学知识，开展移风易俗、弘扬时代新风行动，抵制腐朽落后文化侵蚀。推进诚信建设和志愿服务制度化，强化社会责任意识、规则意识、奉献意识。

（四）**繁荣发展社会主义文艺**。社会主义文艺是人民的文艺，必须坚持以人民为中心的创作导向，在深入生活、扎根人民中进行无愧于时代的文艺创造。要繁荣文艺创作，坚持思想精深、艺术精湛、制作精良相统一，加强现实题材创作，不断推出讴歌党、讴歌祖国、讴歌人民、讴歌英雄的精品力作。发扬学术民主、艺术民主，提升文艺原创力，推动文艺创新。倡导讲品位、讲格调、讲责任，抵制低俗、庸俗、媚俗。加强文艺队伍建设，造就一大批德艺双馨名家大师，培育一大批高水平创作人才。

（五）**推动文化事业和文化产业发展**。满足人民过上美好生活的新期待，必须提供丰富的精神食粮。要深化文化体制改革，完善文化管理体制，加快构建把社会效益放在首位、社会效益和经济效益相统一的体制机制。完善公共文化服务体系，深入实施文化惠民工程，丰富群众性文化活动。加强文物保护利用和文化遗产保护传承。健全现代文化产业体系和市场体系，创新生产经营机制，完善文化经济政策，培育新型文化业态。广泛开展全民健身活动，加快推进体育强国建设，筹办好北京冬奥会、冬残奥会。加强中外人文交流，以我为主、兼收并蓄。推进国际传播能力建设，讲好中国故事，展现真实、立体、全面的中国，提高国家文化软实力。

同志们！中国共产党从成立之日起，既是中国先进文化的积极引领者和践行者，又是中华优秀传统文化的忠实传承者和弘扬者。当代中国共产党人和中国人民应该而且一定能够担负起新的文化使命，在实践创造中进行文化创造，在历史进步中实现文化进步！

八、提高保障和改善民生水平，加强和创新社会治理

全党必须牢记，为什么人的问题，是检验一个政党、一个政权性质的试金石。带领人民创造美好生活，是我们党始终不渝的奋斗目标。必须始终把人民利益摆在至高无上的地位，让改革发展成果更多更公平惠及全体人民，朝着实现全体人民共同富裕不断迈进。

保障和改善民生要抓住人民最关心最直接最现实的利益问题，既尽力而为，又量力而行，一件事情接着一件事情办，一年接着一年干。坚持人人尽责、人人享有，坚守底线、突出重点、完善制度、引导预期，完善公共服务体系，保障群众基本生活，不断满足人民日益增长的美好生活需要，不断促进社会公平正义，形成有效的社会治理、良好的社会秩序，使人民获得感、幸福感、安全感更加充实、更有保障、更可持续。

（一）**优先发展教育事业**。建设教育强国是中华民族伟大复兴的基础工程，必须把教育事业放在优先位置，深化教育改革，加快教育现代化，办好人民满意的教育。要全面贯彻党的教育方针，落实立德树人根本任务，发展素质教育，推进教育公平，培养德智体美全面发展的社会主义建设者和接班人。推动城乡义务教育一体化发展，高度重视农村义务教育，办好学前教育、特殊教育和网络教育，普及高中阶段教育，努力让每个孩子都能享有公平而有质量的教育。完善职业教育和培训体系，深化产教融合、校企合作。加快一流大学和一流学科建设，实现高等教育内涵式发展。健全学生资助制度，使绝大多数城乡新增劳动力接受高中阶段教育、更多接受高等教育。支持和规范社会力量兴办教育。加强师德师风建设，培养高素质教师队伍，倡导全社会尊师重教。办好继续教育，加快建设学习型社会，大力提高国民素质。

（二）**提高就业质量和人民收入水平**。就业是最大的民生。要坚持就业优先战略和积极就业政策，实现更高质量和更充分就业。大规模开展职业技能培训，注重解决结构性就业矛盾，鼓励创业带动就业。提供全方位公共就业服务，促进高校毕业生等青年群体、农民工多渠道就业创业。破除妨碍劳动力、人才社会性流动的体制机制弊端，使人人都有通过辛勤劳动实现自身发展的机会。完善政府、工会、企业共同参与的协商协调机制，构建和谐劳动关系。坚持按劳分配原则，完善按要素分配的体制机制，促进收入分配更合理、更有序。鼓励勤劳守法致富,扩大中等收入群体,增加低收入者收入,调节过高收入,取缔非法收入。坚持在经济增长的同时实现居民收入同步增长、在劳动生产率提高的同时实现劳动报酬同步提高。拓宽居民劳动收入和财产性收入渠道。履行好政府再分配调节职能,加快推进基本公共服务均等化,缩小收入分配差距。

（三）**加强社会保障体系建设**。按照兜底线、织密网、建机制的要求,全面建成覆盖全民、城乡统筹、权责清晰、保障适度、可持续的多层次社会保障体系。全面实施全民参保计划。完善城镇职工基本养老保险和城乡居民基本养老保险制度,尽快实现养老保险全国统筹。完善统一的城乡居民基本医疗保险制度和大病保险制度。完善失业、工伤保险制度。建立全国统一的社会保险公共服务平台。统筹城乡社会救助体系,完善最低生活保障制度。坚持男女平等基本国策,保障妇女儿童合法权益。完善社会救助、社会福利、慈善事业、优抚安置等制度,健全农村留守儿童和妇女、老年人关爱服务体系。发展残疾人事业,加强残疾康复服务。坚持房子是用来住的、不是用来炒的定位,加快建立多主体供给、多渠道保障、租购并举的住房制度,让全体人民住有所居。

（四）**坚决打赢脱贫攻坚战**。让贫困人口和贫困地区同全国一道进入全面小康社会是我们党的庄严承诺。要动员全党全国全社会力量,坚持精准扶贫、精准脱贫,坚持中央统筹省负总责市县抓落实的工作机制,强化党政一把手负总责的责任制,坚持大扶贫格局,注重扶贫同扶志、扶智相结合,深入实施东西部扶贫协作,重点攻克深度贫困地区脱贫任务,确保到二〇二〇年我国现行标准下农村贫困人口实现脱贫,贫困县全部摘帽,解决区域性整体贫困,做到脱真贫、真脱贫。

（五）**实施健康中国战略**。人民健康是民族昌盛和国家富强的重要标志。要完善国民健康政策,为人民群众提供全方位全周期健康服务。深化医药卫生体制改革,全面建立中国特色基本医疗卫生制度、医疗保障制度和优质高效的医疗卫生服务体系，健全现代医院管理制度。加强基层医疗卫生服务体系和全科医生队伍建设。全面取消以药养医，健全药品供应保障制度。坚持预防为主，深入开展爱国卫生运动，倡导健康文明生活方式，预防控制重大疾病。实施食品安全战略，让人民吃得放心。坚持中西医并重，传承发展中医药事业。支持社会办医，发展健康产业。促进生育政策和相关经济社会政策配套衔接，加强人口发展战略研究。积极应对人口老龄化，构建养老、孝老、敬老政策体系和社会环境，推进医养结合，加快老龄事业和产业发展。

（六）**打造共建共治共享的社会治理格局**。加强社会治理制度建设，完善党委领导、政府负责、社会协同、公众参与、法治保障的社会治理体制，提高社会治理社会化、法治化、智能化、专业化水平。加强预防和化解社会矛盾机制建设，正确处理人民内部矛盾。树立安全发展理念，弘扬生命至上、安全第一的思想，健全公共安全体系，完善安全生产责任制，坚决遏制重特大安全事故，提升防灾减灾救灾能力。加快社会治安防控体系建设，依法打击和惩治黄赌毒黑拐骗等违法犯罪活动，保护人民人身权、财产权、人格权。加强社会心理服务体系建设，培育自尊自信、理性平和、积极向上的社会心态。加强社区治理体系建设，推动社会治理重心向基层下移，发挥社会组织作用，实现政府治理和社会调节、居民自治良性互动。

（七）**有效维护国家安全**。国家安全是安邦定国的重要基石，维护国家安全是全国各族人民根本利益所在。要完善国家安全战略和国家安全政策，坚决维护国家政治安全，统筹推进各项安全工作。健全国家安全体系，加强国家安全法治保障，提高防范和抵御安全风险能力。严密防范和坚决打击各种渗透颠覆破坏活动、暴力恐怖活动、民族分裂活动、宗教极端活动。加强国家安全教育，增强全党全国人民国家安全意识，推动全社会形成维护国家安全的强大合力。

同志们！党的一切工作必须以最广大人民根本利益为最高标准。

我们要坚持把人民群众的小事当作自己的大事，从人民群众关心的事情做起，从让人民群众满意的事情做起，带领人民不断创造美好生活！

九、加快生态文明体制改革，建设美丽中国

人与自然是生命共同体，人类必须尊重自然、顺应自然、保护自然。人类只有遵循自然规律才能有效防止在开发利用自然上走弯路，人类对大自然的伤害最终会伤及人类自身，这是无法抗拒的规律。

我们要建设的现代化是人与自然和谐共生的现代化，既要创造更多物质财富和精神财富以满足人民日益增长的美好生活需要，也要提供更多优质生态产品以满足人民日益增长的优美生态环境需要。必须坚持节约优先、保护优先、自然恢复为主的方针，形成节约资源和保护环境的空间格局、产业结构、生产方式、生活方式，还自然以宁静、和谐、美丽。

（一）推进绿色发展。加快建立绿色生产和消费的法律制度和政策导向，建立健全绿色低碳循环发展的经济体系。构建市场导向的绿色技术创新体系，发展绿色金融，壮大节能环保产业、清洁生产产业、清洁能源产业。推进能源生产和消费革命，构建清洁低碳、安全高效的能源体系。推进资源全面节约和循环利用，实施国家节水行动，降低能耗、物耗，实现生产系统和生活系统循环链接。倡导简约适度、绿色低碳的生活方式，反对奢侈浪费和不合理消费，开展创建节约型机关、绿色家庭、绿色学校、绿色社区和绿色出行等行动。

（二）着力解决突出环境问题。坚持全民共治、源头防治，持续实施大气污染防治行动，打赢蓝天保卫战。加快水污染防治，实施流域环境和近岸海域综合治理。强化土壤污染管控和修复，加强农业面源污染防治，开展农村人居环境整治行动。加强固体废弃物和垃圾处置。提高污染排放标准，强化排污者责任，健全环保信用评价、信息强制性披露、严惩重罚等制度。构建政府为主导、企业为主体、社会

组织和公众共同参与的环境治理体系。积极参与全球环境治理，落实减排承诺。

（三）加大生态系统保护力度。实施重要生态系统保护和修复重大工程，优化生态安全屏障体系，构建生态廊道和生物多样性保护网络，提升生态系统质量和稳定性。完成生态保护红线、永久基本农田、城镇开发边界三条控制线划定工作。开展国土绿化行动，推进荒漠化、石漠化、水土流失综合治理，强化湿地保护和恢复，加强地质灾害防治。完善天然林保护制度，扩大退耕还林还草。严格保护耕地，扩大轮作休耕试点，健全耕地草原森林河流湖泊休养生息制度，建立市场化、多元化生态补偿机制。

（四）改革生态环境监管体制。加强对生态文明建设的总体设计和组织领导，设立国有自然资源资产管理和自然生态监管机构，完善生态环境管理制度，统一行使全民所有自然资源资产所有者职责，统一行使所有国土空间用途管制和生态保护修复职责，统一行使监管城乡各类污染排放和行政执法职责。构建国土空间开发保护制度，完善主体功能区配套政策，建立以国家公园为主体的自然保护地体系。坚决制止和惩处破坏生态环境行为。

同志们！生态文明建设功在当代、利在千秋。我们要牢固树立社会主义生态文明观，推动形成人与自然和谐发展现代化建设新格局，为保护生态环境作出我们这代人的努力！

十、坚持走中国特色强军之路，全面推进国防和军队现代化

国防和军队建设正站在新的历史起点上。面对国家安全环境的深刻变化，面对强国强军的时代要求，必须全面贯彻新时代党的强军思想，贯彻新形势下军事战略方针，建设强大的现代化陆军、海军、空军、火箭军和战略支援部队，打造坚强高效的战区联合作战指挥机构，构建中国特色现代作战体系，担当起党和人民赋予的新时代使命任务。

适应世界新军事革命发展趋势和国家安全需求，提高建设质量和效益，确保到二〇二〇年基本实现机械化，信息化建设取得重大进展，战略能力有大的提升。同国家现代化进程相一致，全面推进军事理论现代化、军队组织形态现代化、军事人员现代化、武器装备现代化，力争到二〇三五年基本实现国防和军队现代化，到本世纪中叶把人民军队全面建成世界一流军队。

加强军队党的建设，开展"传承红色基因、担当强军重任"主题教育，推进军人荣誉体系建设，培养有灵魂、有本事、有血性、有品德的新时代革命军人，永葆人民军队性质、宗旨、本色。继续深化国防和军队改革，深化军官职业化制度、文职人员制度、兵役制度等重大政策制度改革，推进军事管理革命，完善和发展中国特色社会主义军事制度。树立科技是核心战斗力的思想，推进重大技术创新、自主创新，加强军事人才培养体系建设，建设创新型人民军队。全面从严治军，推动治军方式根本性转变，提高国防和军队建设法治化水平。

军队是要准备打仗的，一切工作都必须坚持战斗力标准，向能打仗、打胜仗聚焦。扎实做好各战略方向军事斗争准备，统筹推进传统安全领域和新型安全领域军事斗争准备，发展新型作战力量和保障力量，开展实战化军事训练，加强军事力量运用，加快军事智能化发展，提高基于网络信息体系的联合作战能力、全域作战能力，有效塑造态势、管控危机、遏制战争、打赢战争。

坚持富国和强军相统一，强化统一领导、顶层设计、改革创新和重大项目落实，深化国防科技工业改革，形成军民融合深度发展格局，构建一体化的国家战略体系和能力。完善国防动员体系，建设强大稳固的现代边海空防。组建退役军人管理保障机构，维护军人军属合法权益，让军人成为全社会尊崇的职业。深化武警部队改革，建设现代化武装警察部队。

同志们！我们的军队是人民军队，我们的国防是全民国防。我们要加强全民国防教育，巩固军政军民团结，为实现中国梦强军梦凝聚强大力量！

十一、坚持"一国两制"，推进祖国统一

香港、澳门回归祖国以来，"一国两制"实践取得举世公认的成功。事实证明，"一国两制"是解决历史遗留的香港、澳门问题的最佳方案，也是香港、澳门回归后保持长期繁荣稳定的最佳制度。

保持香港、澳门长期繁荣稳定，必须全面准确贯彻"一国两制"、"港人治港"、"澳人治澳"、高度自治的方针，严格依照宪法和基本法办事，完善与基本法实施相关的制度和机制。要支持特别行政区政府和行政长官依法施政、积极作为，团结带领香港、澳门各界人士齐心协力谋发展、促和谐，保障和改善民生，有序推进民主，维护社会稳定，履行维护国家主权、安全、发展利益的宪制责任。

香港、澳门发展同内地发展紧密相连。要支持香港、澳门融入国家发展大局，以粤港澳大湾区建设、粤港澳合作、泛珠三角区域合作等为重点，全面推进内地同香港、澳门互利合作，制定完善便利香港、澳门居民在内地发展的政策措施。

我们坚持爱国者为主体的"港人治港"、"澳人治澳"，发展壮大爱国爱港爱澳力量，增强香港、澳门同胞的国家意识和爱国精神，让香港、澳门同胞同祖国人民共担民族复兴的历史责任、共享祖国繁荣富强的伟大荣光。

解决台湾问题、实现祖国完全统一，是全体中华儿女共同愿望，是中华民族根本利益所在。必须继续坚持"和平统一、一国两制"方针，推动两岸关系和平发展，推进祖国和平统一进程。

一个中国原则是两岸关系的政治基础。体现一个中国原则的"九二共识"明确界定了两岸关系的根本性质，是确保两岸关系和平发展的关键。承认"九二共识"的历史事实，认同两岸同属一个中国，两岸双方就能开展对话,协商解决两岸同胞关心的问题,台湾任何政党和团体同大陆交往也不会存在障碍。

两岸同胞是命运与共的骨肉兄弟,是血浓于水的一家人。我们秉持"两岸一家亲"理念,尊重台湾现有的社会制度和台湾同胞生活方式,愿意率先同台湾同胞分享大陆发展的机遇。我们将扩大两岸经济文化交流合作,实现互利互惠,逐步为台湾同胞在大陆学习、创业、就业、生活提供与大陆同胞同等的待遇,增进台湾同胞福祉。我们将推动两岸同胞共同弘扬中华文化,促进心灵契合。

我们坚决维护国家主权和领土完整,绝不容忍国家分裂的历史悲剧重演。一切分裂祖国的活动都必将遭到全体中国人坚决反对。我们有坚定的意志、充分的信心、足够的能力挫败任何形式的"台独"分裂图谋。我们绝不允许任何人、任何组织、任何政党、在任何时候、以任何形式、把任何一块中国领土从中国分裂出去!

同志们!实现中华民族伟大复兴,是全体中国人共同的梦想。我们坚信,只要包括港澳台同胞在内的全体中华儿女顺应历史大势、共担民族大义,把民族命运牢牢掌握在自己手中,就一定能够共创中华民族伟大复兴的美好未来!

十二、坚持和平发展道路,推动构建人类命运共同体

中国共产党是为中国人民谋幸福的政党,也是为人类进步事业而奋斗的政党。中国共产党始终把为人类作出新的更大的贡献作为自己的使命。

中国将高举和平、发展、合作、共赢的旗帜,恪守维护世界和平、促进共同发展的外交政策宗旨,坚定不移在和平共处五项原则基础上发展同各国的友好合作,推动建设相互尊重、公平正义、合作共赢的新型国际关系。

世界正处于大发展大变革大调整时期,和平与发展仍然是时代主

题。世界多极化、经济全球化、社会信息化、文化多样化深入发展，全球治理体系和国际秩序变革加速推进，各国相互联系和依存日益加深，国际力量对比更趋平衡，和平发展大势不可逆转。同时，世界面临的不稳定性不确定性突出，世界经济增长动能不足，贫富分化日益严重，地区热点问题此起彼伏，恐怖主义、网络安全、重大传染性疾病、气候变化等非传统安全威胁持续蔓延，人类面临许多共同挑战。

我们生活的世界充满希望，也充满挑战。我们不能因现实复杂而放弃梦想，不能因理想遥远而放弃追求。没有哪个国家能够独自应对人类面临的各种挑战，也没有哪个国家能够退回到自我封闭的孤岛。

我们呼吁，各国人民同心协力，构建人类命运共同体，建设持久和平、普遍安全、共同繁荣、开放包容、清洁美丽的世界。要相互尊重、平等协商，坚决摒弃冷战思维和强权政治，走对话而不对抗、结伴而不结盟的国与国交往新路。要坚持以对话解决争端、以协商化解分歧，统筹应对传统和非传统安全威胁，反对一切形式的恐怖主义。要同舟共济，促进贸易和投资自由化便利化，推动经济全球化朝着更加开放、包容、普惠、平衡、共赢的方向发展。要尊重世界文明多样性，以文明交流超越文明隔阂、文明互鉴超越文明冲突、文明共存超越文明优越。要坚持环境友好，合作应对气候变化，保护好人类赖以生存的地球家园。

中国坚定奉行独立自主的和平外交政策，尊重各国人民自主选择发展道路的权利，维护国际公平正义，反对把自己的意志强加于人，反对干涉别国内政，反对以强凌弱。中国决不会以牺牲别国利益为代价来发展自己，也决不放弃自己的正当权益，任何人不要幻想让中国吞下损害自身利益的苦果。中国奉行防御性的国防政策。中国发展不对任何国家构成威胁。中国无论发展到什么程度，永远不称霸，永远不搞扩张。

中国积极发展全球伙伴关系，扩大同各国的利益交汇点，推进大国协调和合作，构建总体稳定、均衡发展的大国关系框架，按照亲诚惠容理念和与邻为善、以邻为伴周边外交方针深化同周边国家关系，秉持正确义利观和真实亲诚理念加强同发展中国家团结合作。加强同各国政党和政治组织的交流合作，推进人大、政协、军队、地方、人民团体等的对外交往。

中国坚持对外开放的基本国策，坚持打开国门搞建设，积极促进"一带一路"国际合作，努力实现政策沟通、设施联通、贸易畅通、资金融通、民心相通，打造国际合作新平台，增添共同发展新动力。加大对发展中国家特别是最不发达国家援助力度，促进缩小南北发展差距。中国支持多边贸易体制，促进自由贸易区建设，推动建设开放型世界经济。

中国秉持共商共建共享的全球治理观，倡导国际关系民主化，坚持国家不分大小、强弱、贫富一律平等，支持联合国发挥积极作用，支持扩大发展中国家在国际事务中的代表性和发言权。中国将继续发挥负责任大国作用，积极参与全球治理体系改革和建设，不断贡献中国智慧和力量。

同志们！世界命运握在各国人民手中，人类前途系于各国人民的抉择。中国人民愿同各国人民一道，推动人类命运共同体建设，共同创造人类的美好未来！

十三、坚定不移全面从严治党，不断提高党的执政能力和领导水平

中国特色社会主义进入新时代，我们党一定要有新气象新作为。打铁必须自身硬。党要团结带领人民进行伟大斗争、推进伟大事业、实现伟大梦想，必须毫不动摇坚持和完善党的领导，毫不动摇把党建设得更加坚强有力。

全面从严治党永远在路上。一个政党，一个政权，其前途命运取决于人心向背。人民群众反对什么、痛恨什么，我们就要坚决防范和纠正什么。全党要清醒认识到，我们党面临的执政环境是复杂的，影

响党的先进性、弱化党的纯洁性的因素也是复杂的，党内存在的思想不纯、组织不纯、作风不纯等突出问题尚未得到根本解决。要深刻认识党面临的执政考验、改革开放考验、市场经济考验、外部环境考验的长期性和复杂性，深刻认识党面临的精神懈怠危险、能力不足危险、脱离群众危险、消极腐败危险的尖锐性和严峻性，坚持问题导向，保持战略定力，推动全面从严治党向纵深发展。

新时代党的建设总要求是：坚持和加强党的全面领导，坚持党要管党、全面从严治党，以加强党的长期执政能力建设、先进性和纯洁性建设为主线，以党的政治建设为统领，以坚定理想信念宗旨为根基，以调动全党积极性、主动性、创造性为着力点，全面推进党的政治建设、思想建设、组织建设、作风建设、纪律建设，把制度建设贯穿其中，深入推进反腐败斗争，不断提高党的建设质量，把党建设成为始终走在时代前列、人民衷心拥护、勇于自我革命、经得起各种风浪考验、朝气蓬勃的马克思主义执政党。

（一）把党的政治建设摆在首位。旗帜鲜明讲政治是我们党作为马克思主义政党的根本要求。党的政治建设是党的根本性建设，决定党的建设方向和效果。保证全党服从中央，坚持党中央权威和集中统一领导，是党的政治建设的首要任务。全党要坚定执行党的政治路线，严格遵守政治纪律和政治规矩，在政治立场、政治方向、政治原则、政治道路上同党中央保持高度一致。要尊崇党章，严格执行新形势下党内政治生活若干准则，增强党内政治生活的政治性、时代性、原则性、战斗性，自觉抵制商品交换原则对党内生活的侵蚀，营造风清气正的良好政治生态。完善和落实民主集中制的各项制度，坚持民主基础上的集中和集中指导下的民主相结合，既充分发扬民主，又善于集中统一。弘扬忠诚老实、公道正派、实事求是、清正廉洁等价值观，坚决防止和反对个人主义、分散主义、自由主义、本位主义、好人主义，坚决防止和反对宗派主义、圈子文化、码头文化，坚决反对搞两面派、做两面人。全党同志特别是高级干部要加强党性锻炼,不断提高政治觉悟和政治能力,把对党忠诚、为党分忧、为党尽职、为民造福作为根本政治担当,永葆共产党人政治本色。

（二）**用新时代中国特色社会主义思想武装全党**。思想建设是党的基础性建设。革命理想高于天。共产主义远大理想和中国特色社会主义共同理想,是中国共产党人的精神支柱和政治灵魂,也是保持党的团结统一的思想基础。要把坚定理想信念作为党的思想建设的首要任务,教育引导全党牢记党的宗旨,挺起共产党人的精神脊梁,解决好世界观、人生观、价值观这个"总开关"问题,自觉做共产主义远大理想和中国特色社会主义共同理想的坚定信仰者和忠实实践者。弘扬马克思主义学风,推进"两学一做"学习教育常态化制度化,以县处级以上领导干部为重点,在全党开展"不忘初心、牢记使命"主题教育,用党的创新理论武装头脑,推动全党更加自觉地为实现新时代党的历史使命不懈奋斗。

（三）**建设高素质专业化干部队伍**。党的干部是党和国家事业的中坚力量。要坚持党管干部原则,坚持德才兼备、以德为先,坚持五湖四海、任人唯贤,坚持事业为上、公道正派,把好干部标准落到实处。坚持正确选人用人导向,匡正选人用人风气,突出政治标准,提拔重用牢固树立"四个意识"和"四个自信"、坚决维护党中央权威、全面贯彻执行党的理论和路线方针政策、忠诚干净担当的干部,选优配强各级领导班子。注重培养专业能力、专业精神,增强干部队伍适应新时代中国特色社会主义发展要求的能力。大力发现储备年轻干部,注重在基层一线和困难艰苦的地方培养锻炼年轻干部,源源不断选拔使用经过实践考验的优秀年轻干部。统筹做好培养选拔女干部、少数民族干部和党外干部工作。认真做好离退休干部工作。坚持严管和厚爱结合、激励和约束并重,完善干部考核评价机制,建立激励机制和容错纠错机制,旗帜鲜明为那些敢于担当、踏实做事、不谋私利的干部撑腰鼓劲。各级党组织要关心爱护基层干部，主动为他们排忧解难。

人才是实现民族振兴、赢得国际竞争主动的战略资源。要坚持党管人才原则，聚天下英才而用之，加快建设人才强国。实行更加积极、更加开放、更加有效的人才政策，以识才的慧眼、爱才的诚意、用才的胆识、容才的雅量、聚才的良方，把党内和党外、国内和国外各方面优秀人才集聚到党和人民的伟大奋斗中来，鼓励引导人才向边远贫困地区、边疆民族地区、革命老区和基层一线流动，努力形成人人渴望成才、人人努力成才、人人皆可成才、人人尽展其才的良好局面，让各类人才的创造活力竞相迸发、聪明才智充分涌流。

（四）加强基层组织建设。党的基层组织是确保党的路线方针政策和决策部署贯彻落实的基础。要以提升组织力为重点，突出政治功能，把企业、农村、机关、学校、科研院所、街道社区、社会组织等基层党组织建设成为宣传党的主张、贯彻党的决定、领导基层治理、团结动员群众、推动改革发展的坚强战斗堡垒。党支部要担负好直接教育党员、管理党员、监督党员和组织群众、宣传群众、凝聚群众、服务群众的职责，引导广大党员发挥先锋模范作用。坚持"三会一课"制度，推进党的基层组织设置和活动方式创新，加强基层党组织带头人队伍建设，扩大基层党组织覆盖面，着力解决一些基层党组织弱化、虚化、边缘化问题。扩大党内基层民主，推进党务公开，畅通党员参与党内事务、监督党的组织和干部、向上级党组织提出意见和建议的渠道。注重从产业工人、青年农民、高知识群体中和在非公有制经济组织、社会组织中发展党员。加强党内激励关怀帮扶。增强党员教育管理针对性和有效性，稳妥有序开展不合格党员组织处置工作。

（五）持之以恒正风肃纪。我们党来自人民、植根人民、服务人民，一旦脱离群众，就会失去生命力。加强作风建设，必须紧紧围绕保持党同人民群众的血肉联系，增强群众观念和群众感情，不断厚植党执政的群众基础。凡是群众反映强烈的问题都要严肃认真对待，凡是损害群众利益的行为都要坚决纠正。坚持以上率下，巩固拓展落实中央八项规定精神成果，继续整治"四风"问题，坚决反对特权思想和特权现象。重点强化政治纪律和组织纪律，带动廉洁纪律、群众纪律、工作纪律、生活纪律严起来。坚持开展批评和自我批评，坚持惩前毖后、治病救人，运用监督执纪"四种形态"，抓早抓小、防微杜渐。赋予有干部管理权限的党组相应纪律处分权限，强化监督执纪问责。加强纪律教育，强化纪律执行，让党员、干部知敬畏、存戒惧、守底线，习惯在受监督和约束的环境中工作生活。

（六）夺取反腐败斗争压倒性胜利。人民群众最痛恨腐败现象，腐败是我们党面临的最大威胁。只有以反腐败永远在路上的坚韧和执着，深化标本兼治，保证干部清正、政府清廉、政治清明，才能跳出历史周期率，确保党和国家长治久安。当前，反腐败斗争形势依然严峻复杂，巩固压倒性态势、夺取压倒性胜利的决心必须坚如磐石。要坚持无禁区、全覆盖、零容忍，坚持重遏制、强高压、长震慑，坚持受贿行贿一起查，坚决防止党内形成利益集团。在市县党委建立巡察制度，加大整治群众身边腐败问题力度。不管腐败分子逃到哪里，都要缉拿归案、绳之以法。推进反腐败国家立法，建设覆盖纪检监察系统的检举举报平台。强化不敢腐的震慑，扎牢不能腐的笼子，增强不想腐的自觉，通过不懈努力换来海晏河清、朗朗乾坤。

（七）健全党和国家监督体系。增强党自我净化能力，根本靠强化党的自我监督和群众监督。要加强对权力运行的制约和监督，让人民监督权力，让权力在阳光下运行，把权力关进制度的笼子。强化自上而下的组织监督，改进自下而上的民主监督，发挥同级相互监督作用，加强对党员领导干部的日常管理监督。深化政治巡视，坚持发现问题、形成震慑不动摇，建立巡视巡察上下联动的监督网。深化国家监察体制改革，将试点工作在全国推开，组建国家、省、市、县监察委员会，同党的纪律检查机关合署办公，实现对所有行使公权力的公职人员监察全覆盖。制定国家监察法，依法赋予监察委员会职责权限和调查手段，用留置取代"两规"措施。改革审计管理体制，完善统计体制。构建党统一指挥、全面覆盖、权威高效的监督体系，把党内监督同国家机关监督、民主监督、司法监督、群众监督、舆论监督贯通起来，增强监督合力。

（八）全面增强执政本领。领导十三亿多人的社会主义大国，我们党既要政治过硬，也要本领高强。要增强学习本领，在全党营造善于学习、勇于实践的浓厚氛围，建设马克思主义学习型政党，推动建设学习大国。增强政治领导本领，坚持战略思维、创新思维、辩证思维、法治思维、底线思维，科学制定和坚决执行党的路线方针政策，把党总揽全局、协调各方落到实处。增强改革创新本领，保持锐意进取的精神风貌，善于结合实际创造性推动工作，善于运用互联网技术和信息化手段开展工作。增强科学发展本领，善于贯彻新发展理念，不断开创发展新局面。增强依法执政本领，加快形成覆盖党的领导和党的建设各方面的党内法规制度体系，加强和改善对国家政权机关的领导。增强群众工作本领，创新群众工作体制机制和方式方法，推动工会、共青团、妇联等群团组织增强政治性、先进性、群众性，发挥联系群众的桥梁纽带作用，组织动员广大人民群众坚定不移跟党走。增强狠抓落实本领，坚持说实话、谋实事、出实招、求实效，把雷厉风行和久久为功有机结合起来，勇于攻坚克难，以钉钉子精神做实做细做好各项工作。增强驾驭风险本领，健全各方面风险防控机制，善于处理各种复杂矛盾，勇于战胜前进道路上的各种艰难险阻，牢牢把握工作主动权。

同志们！伟大的事业必须有坚强的党来领导。只要我们党把自身建设好、建设强，确保党始终同人民想在一起、干在一起，就一定能够引领承载着中国人民伟大梦想的航船破浪前进，胜利驶向光辉的彼岸！

同志们！中华民族是历经磨难、不屈不挠的伟大民族，中国人民是勤劳勇敢、自强不息的伟大人民，中国共产党是敢于斗争、敢于胜利的伟大政党。历史车轮滚滚向前，时代潮流浩浩荡荡。历史只会眷顾坚定者、奋进者、搏击者，而不会等待犹豫者、懈怠者、畏难者。全党一定要保持艰苦奋斗、戒骄戒躁的作风，以时不我待、只争朝夕的精神，奋力走好新时代的长征路。全党一定要自觉维护党的团结统一，保持党同人民群众的血肉联系，巩固全国各族人民大团结，加强海内外中华儿女大团结，团结一切可以团结的力量，齐心协力走向中华民族伟大复兴的光明前景。

青年兴则国家兴，青年强则国家强。青年一代有理想、有本领、有担当，国家就有前途，民族就有希望。中国梦是历史的、现实的，也是未来的；是我们这一代的，更是青年一代的。中华民族伟大复兴的中国梦终将在一代代青年的接力奋斗中变为现实。全党要关心和爱护青年，为他们实现人生出彩搭建舞台。广大青年要坚定理想信念，志存高远，脚踏实地，勇做时代的弄潮儿，在实现中国梦的生动实践中放飞青春梦想，在为人民利益的不懈奋斗中书写人生华章！

大道之行，天下为公。站立在九百六十多万平方公里的广袤土地上，吸吮着五千多年中华民族漫长奋斗积累的文化养分，拥有十三亿多中国人民聚合的磅礴之力，我们走中国特色社会主义道路，具有无比广阔的时代舞台，具有无比深厚的历史底蕴，具有无比强大的前进定力。全党全国各族人民要紧密团结在党中央周围，高举中国特色社会主义伟大旗帜，锐意进取，埋头苦干，为实现推进现代化建设、完成祖国统一、维护世界和平与促进共同发展三大历史任务，为决胜全面建成小康社会、夺取新时代中国特色社会主义伟大胜利、实现中华民族伟大复兴的中国梦、实现人民对美好生活的向往继续奋斗！

新华社北京10月27日电